Über Werbung

Mario Baier

CreateSpace, Charleston SC

2014

Viele Menschen finden Werbung faszinierend – zumindest, solange sie nicht jeden Abend mit dem Schwachsinn konfrontiert werden, den eben diese Branche produziert und im Fernsehen auf den wehrlosen Konsumenten loslässt.

Manche glauben auch, daß die Werbung tolle Berufsfelder anzubieten hat – zumindest, solange sie nicht jede Nacht in einer Werbeagentur Überstunden machen und feststellen müssen, daß gute Ideen so gut wie keine Überlebenschancen haben, wenn sie erst mal auf die Entscheider in der Industrie treffen.

Dieses Büchlein versucht, aus der Sicht eines altgedienten Insiders durchschaubar zu machen, warum die Werbung so ist, wie sie ist. Wenn der eine oder andere Leser dadurch zu einer etwas kritischeren Sicht auf die Werbung gelangen sollte, ist das eindeutig nicht die Schuld des Verfassers. Werbung ist halt so.

Inhaltsverzeichnis

1 Der Werbemensch   7
2 Der Agenturchef   15
3 Der Kundenberater   21
4 Der Texter   29
5 Der Grafiker   35
6 Das Briefing   41
7 Das Produktmanagement   49
8 Die Marktforschung   55
9 Die Konkurrenz   59
10 Der Werbefilm   67
11 Der ADC   73
12 Der Nachwuchs   81

13 Der Retter	85
14 Das Grauen	91
15 Die Sprache	97
16 Die Angst	103
17 Das Schleimen	109
18 Das Wechseln	115
19 Das Gender-Problem	121

1 Der Werbemensch

Viele Werber haben studiert: Betriebswirtschaft, Kommunikationswissenschaft, Werbepsychologie, Grafik-Design.

Seit einiger Zeit gibt es sogar eine richtige Ausbildung zum Kommunikations-/Werbewirt – und ein paar arbeitslose Alt-Texter betreiben Texterschulen, in denen man auch irgendein Diplom erwerben kann.

Manche Werber sind auch sogenannte Quereinsteiger, d. h., sie haben tatsächlich einen Beruf gelernt. Der hat sich dann aber nicht so gelohnt, oder er war zu spießig, oder es gab zu wenig hübsche Frauen/Männer in der Firma. Und in solchen Fällen ist Werbung oft eine Ausweg, bzw. eben ein Einstieg. Man braucht dazu allerdings eine Menge Glück und die Begabung, sich enorm gut zu verkaufen, denn sonst werden eher die mit den passenden Studienabschlüssen, Diplomen etc. genommen. Die Chefs der Werbeagenturen glauben nämlich eigentlich an genau das Gleiche wie die Bosse der spießigen Firmen.

Manchmal glauben sie aber auch an Kreativität, Persönlichkeit und Überraschungen – und das ist dann der Moment für den Quereinsteiger. Offiziell wollte kaum ein Werber ursprünglich in die Werbung. Die Marketingspezialisten wollten Boss von Coca Cola oder Sony werden, die Grafiker wollten „irgendwas mit Kunst" machen – und Texter schreiben ohnehin nur Reklame, um sich damit das Haus in der Toskana zu finanzieren, in dem dann der endgültige Roman des 21. Jahrhunderts entsteht.

Ach so: in ein paar Werbeberufen arbeiten auch Leute, die das werden wollten, was sie dann auch geworden sind: Web-Designer, Videoclip-Regisseure, Sound-Designer bei Musikproduktionen, Produktionsleiter für Werbespots, Assistentinnen der Geschäftsleitung.

Wenn man schon eine Weile in der Werbung ist, trifft man sich irgendwann mit einem Headhunter, also einem Personalvermittler. Das ist eigentlich ein gutes Zeichen, weil man es dann insofern geschafft hat, als man inzwischen so viel verdient, daß es sich für den Headhunter lohnt, einen zu vermitteln. Andererseits ist es auch nicht so gut, weil der Headhunter einem einredet, daß man von da, wo man gerade ist, weggehen sollte, und daß in einer anderen Agentur alles viel besser und toller wird. Das stimmt nicht. Es wird nur anders.

Aber das ist dem Headhunter egal, weil, er lebt ja davon, daß immer wieder Lücken entstehen – so kann er in die, die man gerade hinterlassen hat, schnell jemand anderen hineinvermitteln. Und das gibt dann wieder Provisionen. Besonders viel bei den Agenturmanagern ganz oben. Da läuft das wie bei Fußballtrainern: immer schön rundum auswechseln. Wenn man gerade ein arbeitsloser Werber ist, sind Headhunter allerdings sehr praktisch. Man muß sich dann wenigstens nicht selbst bewerben.

Das, wo die Werbung ausgedacht und gemacht wird, heißt Werbeagentur. An ihrem Prinzip hat sich seit fast hundert Jahren nichts geändert: ein Unternehmen („der Kunde") will seine Produkte verkaufen, und dazu braucht man dann eine Werbekampagne. Die Aufgabe wird beschrieben, die Agentur überlegt sich was und zeigt das dem Kunden. Das ganze ist wie Topfschlagen – kostet nur viel mehr Zeit und Geld. Weil man ja nie weiß, was dem Kunden gefällt (das ist das einzige, worauf es ankommt, denn, was gut für sein Produkt ist, weiß der Kunde eben auch nicht).

Das weiß niemand – sonst wäre Werbung ja einfach und

nicht so teuer. Meistens kümmert sich in der Auftraggeber-Firma ohnehin nicht der Chef um die Werbung, sondern dafür hat er Leute, die aus dem Marketing kommen (oder aus dem Vertrieb, sozusagen Verkäufer im Innendienst). Das macht die Sache etwas komplizierter: die Leute aus dem Marketing/Vertrieb glauben nämlich, daß das, was sie in ihrer Ausbildung gelernt haben, wirklich etwas mit Werbung zu tun hat. Deshalb entwickeln sie Strategien und Ziele und Pläne und Überprüfungswerkzeuge und Sicherheitsszenarien und immer neue Aufgaben für ihre Werbeagentur.

Wenn die Agentur dann allerdings mal mit einer wirklich tollen Idee ankommt (was zugebenermaßen nicht sehr häufig passiert, weil es verdammt schwer ist, eine solche zu haben), verstehen sie sie nicht – kam ja im Studium nicht vor, woran man eine tolle Idee erkennen kann. Wenn die Marketingleute dann alle Ideen der Agenturen überprüft und getestet und für das breite Publikum platt genug gemacht haben, gehen sie damit zu ihren Chefs. Die haben aber meistens ganz andere Vorstellungen – und das ist dann eine Krise.

Die Agentur fängt wieder von vorne an, macht blitzartig ein paar Nachtschichten und der Marketingmensch schaut vorsichtshalber schon mal, welche andere Agentur den Job machen könnte (nur mal so, ganz unverbindlich, das geht jetzt nicht gegen die Agentur, die gerade die Nachtschichten macht).

Wenn man manchmal das Gefühl hat, daß man eigentlich so schnell wie möglich raus will aus der Werbung, sollte man entweder in das Haus in der Toskana (s.o.) umsiedeln, oder es kann passieren, daß man die andere Sorte von Kunden trifft: die haben Spaß an Werbung, die sehen ihre Agentur als Partner, die arbeiten selbst mit, und dafür haben sie dann auch meistens die bessere Werbung – und häufig sogar mehr Erfolg für ihre Produkte.

Solche Kunden sind allerdings selten – und so eine bessere Werbung ist noch seltener: weil, erst muss einem was ungewöhnliches einfallen, dann muss der Kunde sich das auch trauen – und dann muss es auch noch funktionieren. Nämlich verkaufen. Bessere Werbung, die nicht unbedingt verkaufen muss, gibt es auch. Das ist die Werbung, die auf Wettbewerben Preise gewinnt. In Deutschland gibt es zum Beispiel einen Club, der heißt ADC, was für Art Directors Club steht und nicht ganz stimmt, weil der Club eher aus Textern besteht.

Die Idee dieses Clubs ist es, besonders kreative, das bedeutet ungewöhnliche, witzige oder ästhetisch ansprechende Werbung auszuzeichnen. Und das tut dieser Club dann jedes Jahr auf einem großen Kongress. Wenn man als Werber so einen Preis gewinnt, ist das gut fürs Ego, gut für die Karriere und gut für die Agentur bei der man arbeitet. Außerdem finden manche Kunden solche Preise ziemlich gut und hätten für ihre Werbung auch gerne welche.

Da macht der ADC aber nicht mit. Denn wie es sich für einen richtigen Club gehört, hat er natürlich Mitglieder. Und wie es sich für richtige Mitglieder gehört, geben die sich die Preise natürlich nur gegenseitig. Könnte ja jeder kommen. Geschieht den Kunden auch recht: erst alle Ideen totschwätzen und dann Preise gewinnen wollen. Wenn die Kunden aber Kunden der Agenturen werden, die Mitglieder im Club haben, dann ist das schon was anderes, dann kann man über so einen Werbepreis ja mal reden (und über die anderen Preise manchmal auch).

Wenn wir uns jetzt mal vorstellen, daß der ADC den Minigolfpokal von Kleinkötzelsdorf vergibt (natürlich bildlich gesprochen), dann gibt es beim Cannes-Werbefilmfestival den Oscar der Werbung. Mehr geht nicht. Deshalb werden dort vor allem Arbeiten hingeschickt, die nie im Fernsehen oder Kino gelaufen sind. Klingt komisch, ist aber so, es geht hier nämlich nicht um die Abbildung der Werbe-Realität in all den vielen Ländern, die bei dem Festival mitmachen. Sondern um wirklich tolle Ideen, bei denen man es erst gar nicht darauf ankommen lässt, daß sie einem durch hinterfotzige Marktforscher totgetestet werden. Man fragt einen befreundeten Jungregisseur und ein paar arbeitslose Schauspieler, erzählt einer Filmproduktion, daß man in Zukunft nur noch mit ihr arbeiten wird, wenn sie einem diesen Film finanziert – und action!

Die Kellner in den Hotelbars von Cannes haben übrigens schon immer gewußt, daß die Werber wahnsinnig sind: jedes Jahr, zwei Wochen vor dem Cannes-Werbefilmfestival, kommt das andere Festival mit den richtigen Spielfilmen nach Cannes. Dann kostet plötzlich jeder Drink dreimal soviel wie normal. Aber wenn die Werber kommen, dann kostet es fünfmal soviel. Cannes ist einfach großartig. Und wer mal da war, weiß endlich, wie es ganz tief drin in der Werberseele aussieht.

Wenn Werber älter werden, werden sie entweder Illustratoren für Kinderbücher, gründen ein Koch- und Spracheninstitut auf den Kykladen – oder sie werden Chefs. Chefs haben den Vorteil/Nachteil, daß sie man sie nicht so leicht wieder los wird. Denn wenn sie in großen Agenturen arbeiten, haben sie Verträge, aus denen man sie nur gegen sehr viel Geld wieder rauskriegt. Und wenn sie in kleinen Agenturen arbeiten, gehören ihnen die meisten – und dann ist es auch wieder nichts mit loswerden.

Es ist also auch in der Werbung durchaus sinnvoll, Chef zu werden. Man muss nur verdammt aufpassen, daß man kein Arsch wird. Das kommt, wenn man zuviel trinkt oder Drogen nimmt, sich zu sehr über seine dritte Scheidung ärgert, sich mit Immobilien im Osten übernommen hat – oder weil man einfach ausgebrannt ist und es nur noch für die Kohle macht. Dann ist man besser nicht mehr lange „drin" und gibt jüngeren die Chance, Chef und irgendwann selbst zum Arsch zu werden.

2 Der Agenturchef

So ziemlich alle Agenturchefs – ob angestellt oder selbstständig – werden ganz wesentlich von irgendeinem Hau, Defizit oder Defekt in ihrer Psyche angetrieben: zu klein, zu hässlich, zu fett, kein Erfolg bei Frauen, autoritärer Vater, in der Schule nicht ins Fußballteam gewählt, ärmliches Elternhaus, etc. Alle diese Unerfreulichkeiten lassen sich durch die Tätigkeit der Agenturführung zumindest scheinbar kompensieren.

Weibliche Dachschäden hingegen werden irgendwo anders kanalisiert, denn es gibt keine weiblichen Agenturchefs. Zur Erhärtung der oben aufgestellten These, möchte ich im Folgenden ein paar Beispiele anführen. Wenn sich jemand darin erkennt, wird es schon stimmen.

Fangen wir an mit dem „sozialen Aufsteiger". Er stammt aus einem Elternhaus, das man in Bayern als „grattlig" bezeichnen würde: keine Kohle, fieses Essen, die Lernmittelfreiheit muß in Anspruch genommen werden, womit der Junge immer zerfledderte Schulbücher hat, keine Markenkleidung, kein Lederfußball, mit 16 kein Moped, mit 18 kein Auto. Das wäre zunächst noch nicht so schlimm, denn arme Leute gibt es immer und überall. In unserem Fall sind die Eltern aber auch noch ungebildet und frustriert, und so lernt der zukünftige Agenturchef nie, sich mit Haltung gegen den Konsum-Irrsinn, der in dieser Welt auf ihn einstürzt, zur Wehr zu setzen.

Das Ergebnis kennt jeder, der schon mal der Unterhaltung zweier Werber zu den Themen Mode, Urlaub, Getränke, Ausgehen, Restaurants usw. lauschen durfte. Diese fiebrige Aneinanderreihung hochpreisiger Prestige-Marken ist letzlich die Folge davon, daß mindestens einer der beiden in seiner Kindheit flickenbesetzte Cordhosen tragen musste, an die unten eine Borte angenäht wurde, wenn die Hosenbeine durch häufiges Waschen eingelaufen waren.

Da der Agenturchef in seiner Eigenschaft als Werbemensch in einem Umfeld lebt, das, in Ermangelung irgendwelcher Werte, nur noch darauf reflektiert, was die Dinge kosten, lebt speziell dieser Typus eigentlich recht unbeschwert. Er wird immer das teuerste wählen – was ihm solange er Kunden in „Die Ente" einlädt, oder jungen Azubi-Gören auf dem Heimweg von einer erfolgreichen Präsentation spontan ein Gucci-Täschen schenkt, ja auch angemessene Bewunderung einträgt.

Grausig wird das Ganze erst, wenn der Agenturchef sich mit wirklich erfolgreichen Leuten anlegt. Die Schlacht mit echtem oder gar altem Geld wird er immer verlieren, da helfen auch keine Eigenheime in „guten" Stadtteilen – weil, ein Reiheneckhaus bleibt ein Reiheneckhaus, und ein Segelboot ist keine Yacht, und eine Ehefrau die Ex-Juristin ist, ist eben keine Ehefrau, die Ex-Model ist, und an Weihnachten nach Hawaii ist eben nicht ein Haus in Mustique.

Darunter leidet der soziale Aufsteiger natürlich. Er will immer mehr, als er sich leisten kann, er hat immer Schulden, obwohl er doch glänzend verdient – und er hat immer Angst: daß alles vorbei sein könnte, daß er es nicht mehr bringt, daß er im Alter doch wieder arm sein wird.

Noch nervtötender ist ein Agenturchef der Kategorie „Wichtigtuer". Er war früher immer der Kleinste, oder der mit der größten Brille, oder der mit dem Sprachfehler – oder Pickel, eine Zahnspange, ein kleiner Penis, eine Oma, die ihn jeden Tag von der Schule abholte ... . Aber eines Tages entdeckte er die Macht der frech ausgesprochenen und gnadenlos wiederholten Lüge. Er merkte plötzlich, wie leicht er all die großgewachsenen, nicht gebiss-regulierten und pickelfreien Gutseher manipulieren konnte. Durch Worte: auswendig gelernte Standardphrasen, völlig unbeweisbare Behauptungen, geschickte hingeworfenes Halbwissen, beliebig wiedergegebene oder selbst erfundene Gerüchte.

Und durch die Zähigkeit mit der er nichts zur Kenntnis nimmt, was andere sagen (dadurch kommt er auch nie ins Zweifeln), wohingegen er selbst ohne Pause und ohne Rücksicht auf die Konditionszusammenbrüche seiner Zuhörer redet und redet und redet. Solche Leute gelten als kompetent und engagiert. Und werden von ihren Kunden tatsächlich geliebt, wenn sie – was unweigerlich der Fall sein wird – mit dieser Methode Agenturchefs geworden sind. Denn die Kunden glauben, daß das Aufgeplustere ihnen gilt und werden zum Glück nie erfahren, daß die gleiche Show für jeden anderen Kunden genauso abgeht. Und für die Mitarbeiter der Agentur auch. Und für Freunde und Bekannte auch.

Natürlich kommt der Wichtigtuer damit überall glänzend durch. Wer will schon eine Welt voller souverän-langweiliger Typen, die über den Dingen stehen und nur was sagen, wenn es auch wirklich was zu sagen gibt. Wenn allerdings der Wichtigtuer auf einen anderen Wichtigtuer trifft, dann ist Todfeindschaft und Intrige bis zur Vernichtung des Gegners. Und damit zeigt sich, daß auch männliche Agenturchefs sehr weibliche Verhaltensauffälligkeiten haben können.

Kommen wir nun zum Agenturchef-Typus „Schikanierer". Er ist natürlich nicht das Scheusal für das er sich ausgibt, sondern ein getarntes Sensibelchen. Eigentlich möchte er genauso bewundert und geliebt werden wie der „soziale Aufsteiger" oder der „Wichtigtuer". Aber er bringt es eben nicht so: zum Bestechen ist er zu vernünftig oder zu geizig und beim Lügen schämt er sich. Also macht er es wie die deutschen Fußballtrainer und predigt Sekundärtugenden wie Pünktlichkeit, Sparsamkeit, Fleiß, Selbstdisziplin, Ehrlichkeit – also lauter langweiliges Zeugs, das in der Werbung definitiv nichts zu suchen hat.

Häufig zweifelt er auch an der Werbung als solcher. Kann man da als erwachsener Mensch überhaupt mitmachen? Merkt denn keiner, welcher Schwachsinn da fabriziert wird? Sind denn wirklich alle Menschen dumm, korrupt, psychisch instabil? Und dann tut sich der Schickanierer erst mal leid. Keiner versteht ihn, alle sind unloyal und denken immer nur an sich, keiner interessiert sich dafür, wie es ihm eigentlich geht.

Und das wird er denen jetzt heimzahlen. Mit Abmahnungen zum Thema Arbeitsbeginn, mit der Abschaffung von freiem Kaffee und von Agenturausflügen, mit dem Hinweis auf Millionen von arbeitslosen Werbern. Und irgendwann merkt er dann, daß das alles überhaupt nichts bringt und ihn alle nur hassen. Und dann wird ihm alles wurscht und er läßt alles laufen und dann haben ihn plötzlich alle lieb und irgendwann ist die Agentur dann zu.

Im Prinzip fällt jeder Agenturchef in eine dieser drei Kategorien. Dazu gibt es noch drei bis vier Ausnahmeerscheinungen, die – jeder auf seine Art – individuell gestört sind. Hier haben wir es mit charismatischen Irren zu tun, die natürlich echt gefährlich sind, weil man den Wahnsinn als Mitarbeiter eines solchen Agenturchefs erst bemerkt, wenn einen der Hörsturz umgehauen hat.

3 Der Kundenberater

Der Kundenberater einer Werbeagentur ist die ärmste Sau von allen. Der Super-Zwitter! Wanderer zwischen den Welten! Im Studium hat er sich für Marketing und Wirtschaft und Business entschieden – also eigentlich für was Sicheres. Er liest Handelsblatt und Financial Times. Er geht dreimal die Woche joggen, hat eine blonde Frau, die was Kreatives macht (Töpfern oder so) und im Vorstand des Kindergarten-Ausschusses mitarbeitet. Aber er ist auch ziemlich cool und unangepasst und hat sich kürzlich eine Harley geleast – mit Sturzbügeln und Vollkaskoversicherung.

Die fährt er ganz besonders gern im Urlaub, weil er sich da drei Wochen nicht rasiert. Und ganz tief drinnen hat er natürlich einen Traum: zwei Jahre im Ausland, Assistent der Geschäftsleitung, bekleckert mit dem Ruhm einer erfolgreichen Produkteinführung im Bereich „weibliche Hygiene", zurück nach Hause, Marketing-Leitung der „New Product Development"-Abteilung einer bedeutenden Body Care Company, weitere Erfolge, kluge Jobwechsel, im richtigen Moment am richtigen Ort, Boss von VW oder Siemens, Weltchef Coca Cola ... .

Und die Realität? Kundenberater bei WCT&PKP. Einer internationalen Groß-Agentur mit Identitätskrise. Seit 3 Wochen gibt es im Frankfurter Büro einen neuen „Executive Creative Director", oder – wenn man seiner Visitenkarte glauben mag – „Chief Creative Officer", also eben einen neuen Oberkreativen (übrigens dem vierten in diesem Jahr). Und der macht unserem wackeren Kundenberater das Leben zur Hölle. Jahrlang haben hier alle alles gemacht, was der wichtigste Kunde der Agentur wollte: klassische Waschmittelspots mit tollen Wirkversprechen, gewebenahen Demonstrationsaufnahmen, wo man sieht, wie es den Dreck aus den Fasern heraushaut, sekundenlange Einstellungen, in denen jedes Detail der Packung zu sehen ist. Weil man sie ja sonst im Supermarkt nicht findet!

Und jetzt will der Kreativaffe „outstanding communication". Preise gewinnen auf Kreativ-Wettbewerben, wo noch mehr von seiner Sorte rumhängen und sich wichtig machen. Wenn sie ihn da wenigstens mal mitnehmen würden. Rumlabern, an der Hotelbar stehen, und eine von diesen jungen Grafikschlampen angraben, das kann er ja wohl auch. Und dieser hirnlose Ehrgeiz mit der Kreativität – ausgerechnet für „SPLASH", der Waschmittelmarke, der die Frauen vertrauen. Seit 32 Jahren im Markt, Umsätze jedes Jahr gewachsen, immer die gleiche Produktaussage, jeder Werbespot ein Muster an „richtig" und „heile Welt" – und jetzt schwafelt der Idiot von Benetton und der „Gebrochenheit des modernen Menschen", die er auch in der Waschmittelwerbung wiederfinden will.

Wer darf sich denn dann bei den Kunden anhören, daß das alles ein Riesenscheiß ist und man jederzeit mal mit einer anderen Agentur reden kann, wenn WCT&PKP plötzlich von allen guten Geistern verlassen ist? Nur weil irgend so ein weltfremder Boss im „Head-Office" in New York plötzlich eine andere Agenturphilosophie im Sinn hat.

Kreativität über alles – da kann man doch nur lachen, es weiß doch überhaupt niemand, was das eigentlich ist. Und dann die ganzen Risiken: wenn die neue, „kreativere" Kampagne nicht funktioniert, wenn es Verluste im Handel gibt, wenn der Kunde sich eine andere Agentur sucht! Dann fragt nämlich keiner von den Wichsern in New York, ob das vielleicht an dem Schwachsinn liegt, den der Irre aus dem „Creative Department" angerichtet hat. Schlechte Zahlen sind dann wieder Kundenberatersache. Und bis dahin ist der Kreativ-Guru ohnehin längst mit einer fetten Abfindung auf dem Weg zur nächsten Agentur, die „jetzt mal entscheidend an ihrem kreativen Produkt" arbeiten will.

Ja, der Kundenberater hasst den Kreativen. Mit Recht. Weil er sich nicht mit irgendwelchen genialischen Schwachsinnigkeiten durchs Agenturleben mogeln darf, sondern immer diese abgenudelten Allgemeinplätze ins Rennen werfen muß: „Kosten-Nutzen-Relation", „performanter Media-Ansatz", „share of voice", „psychologische Marktführerschaft", win-win-Strategie", „worst-case-Szenario" – solche Phrasen werden auch nicht attraktiver, wenn man sie zum hunderttausendsten Mal dem karrieregeilen Assistenten des Junior-Product-Managers vorbetet, der nie was kapiert und jeden Satz mit „ich hab da aber noch folgendes Problem" anfängt.

Das wäre ja noch nicht so schlimm, aber nächste Woche muß man mit ihm zu einer Tagung – mit Übernachtung! Das heißt: Hotelbar, Gin Tonics und voller Interesse den unglaublichen Schwachsinn anhören, den der Jungstreber in Bezug auf seine Laufbahn zusammenphantasiert: zwei Jahre im Ausland, Assistent der Geschäftsleitung, mit dem Ruhm einer erfolgreichen Produkteinführung im Bereich „weibliche Hygiene" bekleckert zurück nach Hause, Marketing-Leitung des „New Product Development" einer bedeutenden Body Care Company, weitere Erfolge, kluge Jobwechsel, im richtigen Moment am richtigen Ort, Boss von Siemens, Weltchef Coca Cola ... .

Der Kreative säuft zur gleichen Zeit Champagner mit der Vize-Chefin der PR-Agentur, die der Herr Assistent des Junior Product-Managers unbedingt mit bei der Tagung dabeihaben wollte – hat ihm nur nichts gebracht, denn flachlegen wird sie der Kreativ-Star, die Sau.

Später auf dem Zimmer ruft der Kundenberater dann zuhause an, war nämlich so ausgemacht. Natürlich schlafen da schon alle und er sülzt den Anrufbeantworter voll „wie sehr er Euch vermisst" und daß „Papi nie wieder solange von zu Hause weg bleibt". Dann noch schnell ein Porno aus dem hoteleigenen „adult-channel" – und sich morgen früh an der Rezeption beschweren, daß man den amerikanischen Spielfilm sehen wollte und dann war plötzlich der Mist da und „das bezahle ich nicht".

Einmal, bei einer Messe in Köln, hat der Kundenberater es aber noch gröber krachen lassen. Sie war Russin und alles inklusive, das kann man echt keinem erzählen. Was natürlich blöd ist, weil ohne Erzählen ist es halt auch nur der halbe Spaß. Der volle Spaß ist dagegen: Fehler finden. In allem, was die Schwachköpfe aus der Kreation so fabrizieren. Hier hat der eine Depp die Vorschriften für die Verwendung der Hausschrift des Kunden wieder nicht berücksichtigt, dort irgend so ein Junior-Penner die korrekte Groß- bzw. Kleinschreibungsvorschrift für das Anlageprodukt „seniorSparPlan" vergeigt („vorne klein, Mann!") – lauter Großkatastrophen, die ohne den detektivischen Einsatz des Kundenberaters schreckliche Konsequenzen gehabt hätten.

Und dann macht der Kundenberater natürlich Strategien – also die ganz großen Pläne, die dazu führen, daß Nike erfolgreicher ist als Puma – oder umgekehrt. Das ist gar nicht so leicht. Denn die Zeiten, als Produkte noch irgendwas konnten, was das Konkurrenzprodukt nicht konnte, sind leider vorbei. Da muß man heute schon tiefer in die Trick-Kiste greifen als einfach irgendeinen Superlativ groß rausstellen.

Und jetzt ist der Kundenberater in seinem Element, dem analytischen nämlich: „Zerlegen wir die Produktleistung unseres Kunden doch mal in ein 3-Ebenen-Modell; betrachten wir den Wirkungsbereich dieser Zahnpasta einfach mal als kommunizierende Röhren; was wissen wir über diese Marke, wenn wir jetzt mal alles, was uns der Kunde gesagt hat, in ein Markensteuerrad hineinpacken; müsste man die ganze Kampagnenentwicklung nicht erst mal in einer Schnittmenge aus relevanten Beziehungsfaktoren darstellen; das Wesen dieses Produktes läßt sich am deutlichsten als Raster verstehen".

So geht das! Der Assistent des Junior-Product-Managers ergänzt das ganze noch um das ebenfalls geometrisch aufmalbare Attention–Interest–Desire–Action Modell (das ergibt AIDA, ganz schön clever wie die sich das merken, nicht wahr?) und jetzt müsste dem dämlichen Texter und der selbstverliebten Grafikerin doch wohl was einfallen. Tut es aber nicht! Die ignoranten Amateure machen wieder irgendwas Autistisches, was absolut nichts verkauft, und am Ende müssen wie immer teure Freelancer ran, damit man dem Kunden wenigstens irgendwas präsentieren kann.

Das Leben des Kundenberaters ist furchtbar. Zwitter aus seriösem Manager und scheinkreativem Werbemittelverkäufer. Wanderer zwischen der Welt der Kunden, die sich einbilden, alles zu wissen und der Welt der Kreativen, die nicht wissen, daß es absolut nichts gibt, worauf sie sich etwas einbilden könnten.

Zum Glück bleiben die Wochenenden mit der Harley und die Familienfeiern, wo man sich daran aufrichten kann, daß Vetter Horst mit seiner Juniorpartnerschaft in der Anwaltskanzlei Webmaierer, Buslberger, Eigendorfer, Heinerbach, Olldendirk und Partner (da ist der Vetter einer davon), oder Cousine Paula, die sich seit 6 Jahren in einer drittklassigen Unternehmensberatung mit ihren Chauvi-Chefs rumärgert, noch ärmere Tropfe sind.

4 Der Texter

Bevor es den Verfasser in die Werbung verschlug war er Barmixer, Rockmusiker, Archäologiestudent, Vertreter für Bauherren-Modelle, Kurierfahrer und halb-professioneller Halb-Schwergewichtsboxer. Daran merkt man, daß es für die Werbung eine gründliche Ausbildung braucht.

Man kann es sich auch leichter machen und Betriebswirtschaft studieren – dann wird man Kundenberater. Oder Grafik-Design – dann wird man Art-Director. Die, die lieber den harten Weg gehen, werden Texter. Texten kann jeder – glaubt jedenfalls jeder. Und so texten Produktmanager, Vorstände, Vetriebsleiter und alle, die schon mal ein e-mail an ihre Frau geschrieben haben, fröhlich mit, wenn es wieder heißt: „Kauf mich!" oder „Nur noch für kurze Zeit!" oder „Antrag ausfüllen und hier unterschreiben!".

An den Ausrufungszeichen merkt man schon, worauf es beim Werbetexten ankommt: der Verbraucher gehört angeschrieen, mit einfachen Befehlen und mit noch einfacheren Informationsinhalten. Deshalb würde der Satz „Singe mir, Göttin, den Groll des Achill, des Pelidensohnes, den unseeligen, der zahllose Schmerzen den Achaiern brachte und viele starke Leben dem Hades hinwarf ..." nie in der Werbung vorkommen – obwohl es immerhin ein Befehl ist. Aber: zu lang, zu viel Nebensätze, zu viel Inhalt, zu viel Bezug auf Dinge, die keiner weiß.

In der Werbung geht es darum, Dinge, die sowieso schon jeder weiß, so zu sagen, daß jeder glaubt, „das ist aber mal was ganz was Neues". Und da kommt jetzt wieder der Texter ins Spiel. Zum Beispiel, wenn er für Plastikflaschen, die nicht zerbrechen den Ausdruck „unkaputtbar" erfindet. Oder wenn eine Kreditkarte plötzlich „Deutschlands meiste" wird, was grammatikalisch falsch ist, werblich aber ziemlich eingängig. Im Vergleich zur Rechtschreibreform sind die Verfehlungen der Werbetexter ohnehin recht harmlos.

Irgendwann Mitte der 80er Jahre haben sie den Versuch aufgegeben, Sätze mit mehr als fünf Worten in Anzeigenüberschriften abdrucken lassen zu wollen, in den 90ern kam der Lesetext mit mehr als 50 Buchstaben abhanden. Und seit Beginn des neuen Jahrtausends glaubt endgültig niemand mehr an Lesen und alles schreit nach ungesehenen Bildern. Damit wäre der Texter ja fein raus und könnte sich in seinen unrenovierten Bauernhof nach Klein-Egmating zurückzuziehen. Tut er aber nicht, weil er – s.o. – lieber den schweren Weg geht.

Außerdem ist das mit den ungesehenen Bildern so eine Sache. Die meisten Art Directors wissen nämlich nicht so genau, was das ist und deshalb schauen sie gern in den Bewerbungsmappen von Fotografen nach, die am liebsten Freaks fotografieren, oder in Dokumentationen über das Schicksal minderjähriger Drogenprostituierter in Bogota – und die Bilder, die sie da finden, sind dann auch irgendwie un-, nämlich vor allem unbrauchbar. In der Werbung ist die Welt nämlich noch in Ordnung und nur, weil Horror Trend ist, muß der Art Director nicht glauben, daß das jetzt der Anfang einer tollen Kampagne ist. Eher ist das der Anfang einer mühsamen Diskussion mit Kundenberatern, die sagen: „das kann ich dem Kunden nicht verkaufen" und Textern, die sagen: „zu dem Scheiß fällt mir keine Aussage ein".

Da ist er also wieder, der Texter, der nun doch nicht nach Klein-Egmating gezogen ist, sondern immer noch an seiner überteuerten Altbauwohnung in einem angesagten

Stadtteil festhält – obwohl er da so gut wie nie ist, weil, immer in der Agentur und Streiten mit Kundenberatern und Art Directors. Jetzt, wo es ja nichts geworden ist mit den ungesehenen Bildern, muß es eben doch der Texter bringen und so schreibt er über ein langweiliges Bild einen Satz drüber wie: „Geiz ist geil!" oder „Die Mutter aller Schnäpchen!" oder irgendwas mit Gefühlen – sagen wir mal „Ich liebe es" oder „Is it love?".

Wenn es dann alle Texter geschnallt haben und in allen Werbemitteln was mit Sparen oder mit Liebe vorkommt, kommt meistens ein neuer Trend. Zum Beispiel reflexive Gedanken über das Leben und die Pubertät und die Familienplanung und die Bank, bei der man sein Konto hat (das ist ja wohl eine logische Denkreihe, oder?). Oder der Trend, Werbefilmefilme zu machen, wo man als Musik Hits der 60er oder 70er Jahre hört. Weil, das ist lustig und „spielt mit den positiven Assoziationen, die der Zuschauer im Hinblick auf das persiflierte Jahrzehnt hat".

Ja, so geht kreativ sein: einer kreiert was – und die anderen machen es dann auch so (das Prinzip funktioniert übrigens nicht nur in der Werbung, sondern auch in der Musik, bei Reality-Shows, bei Parteitagsbeschlüssen, bei ausländischen Restaurants – und in der Mode sowieso).

Manchmal ist der Texter aber auch originell. Dann erfindet er so epochale Sätze wie „I had a dream", „Ich bin ein Börliner", „Schau mer mal", „Wenn es der Wahrheitsfindung dient".

Das macht er dann allerdings nicht in seiner Eigenschaft als Werber, sondern als Bürgerrechtler, Präsident, Fußballgott, Revoluzzer – und so gesehen kann tatsächlich jeder texten. Irgendwie.

5 Der Grafiker

Den Werbegrafiker schrieb man vor der großen Falschschreib-Reform noch mit „ph". Es müsste aber auch „die" und „-in" heißen, weil, Grafiker sind meistens weiblich. Vielleicht glauben Frauen, sie hätten, genetisch bedingt, mehr Geschmack oder Gestaltungsgefühl. Vielleicht liegt es aber auch einfach nur daran, daß sie ihren Papa leichter dazu bringen, das teure Studium an einer Graphik-Akademie (das ist was altmodisches, deshalb immer noch mit „ph") zu bezahlen. Jungs müssen ja früher auf eigenen Beinen stehen, machen dann irgendeinen Mist, und werden – wenn sie in der Werbung landen – Texter (die Feiglinge, die BWL studieren, hatten wir ja schon).

Außerdem haben junge Frauen häufig eine hübsche Figur, was bei den männlichen Entscheidern, die Ihnen einen Job geben können (oder eben nicht) leicht dazu führt, sie für nicht besonders tiefdenkerisch zu halten, was sie (die jungen Frauen mit den hübschen Figuren) dann wieder besonders geeignet für den Grafiker-Job erscheinen lässt. Früher konnten Grafiker/innen auch schon nicht denken, aber sie hatten wenigstens Geschmack. Den hatten sie im Blut oder aus italienischen und französischen Modemagazinen.

Heute wissen die meisten Grafiker/innen nicht mal was ein Magazin ist – und außerdem gibt es heute den Computer. Das teuflische am Computer ist seine Sklavenmentalität: er macht alles, was man will. Schnell, so gut wie kostenlos – und ohne Skrupel. Das führt dazu, daß jeder, der daran graphische Arbeit macht, eben einfach nur macht. Es wird sich nichts mehr überlegt, Regeln oder Vorbilder hat man nicht mehr. Alles geht weil – zumindest technisch – wirklich alles geht.

Und während die Regeln früher von Leuten gebrochen wurden, die wussten, was sie taten, ist es heute eher zum Brechen, daß jeder glaubt, er wäre schon Gestalter, wenn er zwei Software-Programme beherrscht. Werbegrafikerinnen haben häufig kurzzeitige Affären mit Textern. Sie halten diese nämlich für leicht ungehobelte, leicht intellektuell angehauchte Querdenker (was real natürlich Quatsch ist, weil Texter die größten Spießer von allen sind) – und das (das leicht Querdenkerische) übt auf sie ungefähr den Effekt aus, den Skilehrer auf die Ehefrauen von Industriebossen haben.

Am Ende heiraten sie dann aber doch einen Langweiler aus dem Vertrieb eines Konzerns, der ihnen zum einjährigen Beziehungsjubiläum eine Prada-Tasche schenkt. Ja, Grafikerinnen schauen schon rein in die Modeblättchen, damit sie wissen, was sie gern haben wollen müssen. Was kommt, oder wie Trends entstehen, lernen sie daraus aber nicht. Dazu blättern sie lieber in Werbebüchern vom vorvorletzten Jahr. Dann weiß man wenigstens, was damals en vogue war, und das ist dann nicht so riskant, wie selber auf die Straße zu gehen.

Überhaupt werden Straßen, die nicht zu In-Cafes, zu Prada oder zu einer angesagten Werbeagentur führen, von Grafikerinnen gemieden. Da besuchen sie sich lieber gegenseitig in ihren winzigen Altbauwohnungen, die alle gleich aussehen: alles weiß, 1 Sofa (Designer), 2 Bilder (nur an die Wand angelehnt, niemals aufhängen!), 1 Espressomaschine (Designer), 1 amerikanisches „Interview" (von 1981, wie zufällig auf dem Klo drapiert), 1 Bett (Designer, ungemacht). Dort sprechen sie dann – wie alle anderen Frauen auch – über Männer.

Der Unterschied ist nur, daß sie auf Kerle abfahren, die schwarz und klug und reich sind – und das gibt es eben nur bei 4-5 Rappern, die alle mit Heidi Klum oder JLo – oder wer eben gerade die größte Abräumerin ist – liiert sind, weshalb es dann letzlich doch zu den Kompromissen mit Textern und Vertriebsfuzzis kommt. Dazu trinken sie grünen Tee, oder sie legen zusammen und kaufen sich eine Flasche Champagner – und nach dem zweiten Glas gestehen sie sich gegenseitig, daß sie alle schon mal sexuelle Phantasien im Zusammenhang mit Batman hatten.

Danach gehen sie schnell nach Hause und am nächsten Tag, in einer mehr oder weniger angesagten Werbeagentur, kämpfen sie dann alle – in der festen Überzeugung, sich das gerade frisch ausgedacht zu haben – völlig aussichtslos für ein total unpassendes Werbekonzept mit einem Comic-Helden (so ein bisschen „batmanesk", irgendwie ...). Der Texter, mit dem sie jeweils gerade liiert sind, kapiert wie immer gar nichts und versucht (verkopft wie diese Worthülsentypen nun mal sind), zu erklären, warum Batman und eine Tampon-Innovation mit grünem Bändsel irgendwie nicht so richtig zusammenpassen.

Und dann geht man zum Italiener, Mittag essen, und nach dem zweiten Prosecco wird die jeweilige Werbegrafikerin ganz weich und fängt an, ihren total individuellen Traum von einem kleinen Weingut in der Toscana zu entwickeln, wo man selbst einen unglaublich gelungenen Spumante keltert, und das wäre doch so schön, und mit 15 hatte sie mal einen Sommer lang eine Urlaubsbekanntschaft (obwohl, der war nicht Italiener, sondern Portugiese), und plötzlich ist es halb vier, und in der Agentur machen dann alle zusammen noch schnell eine schöne Tamponkampagne mit blauer Testflüssigkeit, und am Abend gehen die Grafikerin und der Texter ins Kino und schauen Spiderman Teil VII.

6 Das Briefing

Wenn in der Werbung einer einem anderen etwas sagt, was zu irgendeiner Form von Arbeit führen soll, dann heißt das Briefing. Leute, die nichts mit Werbung zu tun haben, und sich für Politik interessieren, kennen den Begriff noch aus dem Irak-Krieg.

Da traten immer ein böser alter Mann mit einem akkuraten Seitenscheitel und ein paar extrem dynamische Offiziere mit nagelneuen tuckig-hellen Wüstenstiefeln vor die versammelte Weltpresse und verkündeten irgendwelche Lügen. Das irakische Pendant war der sogenannte Informationsminister – auch einer großer „Briefer", was ihm den Namen ‚Comical Ali' einbrachte.

Briefings in der Werbung sind eher nicht so komisch und meistens wird auch nicht so grausam gelogen, weil über die zu briefende Materie sowieso keiner gut genug Bescheid weiß, um irgend etwas vertuschen wollen zu können. Es gibt genau genommen auch gar nicht ein Briefing, sondern eher eine ganze Kette von Briefings. Diese Kette hat die fatale Eigenschaft, daß an ihrem Ende immer etwas ganz anderes herauskommt als vorne „hineingebrieft" wurde.

Der Leser merkt schon, das Wort kann man konjugieren, deklinieren, substantivieren und mit Affixen oder Suffixen versehen. Versuchen wir so einen Verkettungsprozess doch einfach mal zu rekonstruieren. Zunächst gibt es da auf Seiten der Industrie eine Marketingabteilung. Diese wird zunehmend überflüssiger, weil Marketing heutzutage nur noch darin besteht, jedes beliebige Produkt als Schnäppchen zu verramschen. Das schafft der Vetriebs-Chef, also der Oberverkäufer des Industrieunternehmens auch ohne Marketingspezialisten, und entsprechend verzweifelt sind die jungen Betriebswirte, die das Schicksal in die Todeszone der Nutzlosigkeit verschlagen hat.

Zum Nachweis ihrer strategischen Weitsicht und weil sonst auch nicht viel zu tun ist, setzen sie sich zusammen und erarbeiten ein Briefing, d.h. sie schreiben alle ihre eigenen Fragen, alles Halbwissen und alle Banalitäten zu ihrem Produkt oder zu ihrer Dienstleitung auf PowerPoint Charts, natürlich so formuliert, daß es wie ein Plan klingt und bevorzugt in Englisch, da hört sich – zumindest für deutsche Ohren – auch der größte Mist irgendwie cooler an. Dann zeigen sie diese Charts allen Leuten, die sie sonst noch so kennen und fragen, ob denen auch was dazu einfällt. Tut es natürlich immer, und so kommen nochmal 352 Charts dazu, in denen auch nichts steht.

Dann lässt der Obermarketingspezialist den Praktikanten aus dem ganzen Wust ein „management summary" basteln. Es werden also die inhaltsleersten Phrasen in ein paar hübsche bunte Grafiken verpackt, und damit geht der Marketingchef dann zu seinem Vorstand – natürlich ohne sich vorher mit seinem Kollegen, dem Vertriebschef abzustimmen. Der Vorstand hat eigentlich gar keine Zeit (in seiner Unterschriftenmappe liegen nämlich immer noch die ungelesenen Prospekte zum Golf- und Wellnesshotel ‚Hohenbrunn'), außerdem funktioniert der Beamer nicht und so führt der Marketingmensch seine Grafiken aus 12 Metern Entfernung auf seinem winzigen Laptop vor, während der Vorstand mit seiner Frau telefoniert, weil er heute Abend jetzt doch nicht mit in die Oper kommt, und am Schluß kriegt dieses großartige Briefing dann seinen Ritterschlag: „Machen Sie mal, wie sie das für richtig halten. Ich lasse Ihnen da völlig freie Hand".

Das wollte der Marketingmensch hören. Jetzt wird er es

dem Ignoranten aus dem Vertrieb mal so richtig zeigen. Jetzt muss eine geile Markenkampagne her. Zum Glück kennt er den Aquisitionschef der Werbeagentur Witzig, Spritzig & Partner aus dem Tennisclub und sicherheitshalber kann man ja noch 8 bis 10 weitere Agenturen zu einer unbezahlten Wettbewerbspräsentation einladen. Daß der Vorstand am Ende dieses Präsentationsmarathons behaupten wird, das Briefing für den Agentur-Wettbewerb wäre völlig falsch und er hätte das so nie freigegeben, weiß unser Marketingmann eigentlich schon jetzt, aber hier geht es schließlich nicht darum, tatsächlich etwas zu bewegen, sondern darum, möglichst viele Leute mit der eigenen Inkompetenz zu beschäftigen.

Natürlich machen alle 10 Agenturen mit, akzeptieren, daß es kein Präsentationshonorar gibt, heucheln Interesse für das Produkt des Kunden und verschießen bereits im ersten Vorgespräch ihr ganzes Pulver, indem sie das Briefing (immer noch die Kurz-Zusammenfassung des Praktikanten) gschaftelhuberisch mit zwei bis drei eigenen Gedanken kommentieren, die der Produktmanager dann dankbar in das Briefingpapier für die nächste Agentur aufnimmt.

Vorher verkauft er das dem Marketingchef aber als eigenen Beitrag, und der kann es nicht besser wissen, weil, an den Briefingsgesprächen mit den Agenturen nimmt er nicht teil (außer natürlich dem mit Witzig, Spritzig & Partner, aber da geht es auch um ein Tennis-Wochenende in Südtirol). Damit die Agentur sich ein vollständiges Bild machen kann, bekommt sie auch die anderen 417 Power-Point Charts des ursprünglichen Sammel-Briefings mit auf den Weg. Natürlich ausgedruckt in einem nicht passenden Format, das immer die letzten zwei Zeilen abschneidet, natürlich in Schwarz/Weiß, damit man die bunten Grafiken nicht so leicht erkennt – und natürlich komplett ohne Umlaute („Sorry, irgendwie packt die Druckersoftware unsere Hausschrift nicht"). Macht nichts, schließlich ist man Profi, und da braucht man doch nicht auch noch professionelle Arbeitsunterlagen.

Jetzt geht das Briefing in seine zweite Phase: der Agenturchef hat ja während des Kundengespräches die einzige Idee, die er in seinem Leben je hatte, bereits herausgeblökt (lustig, daß er die bei jedem Neukundengespräch einbringen kann und daß die Produktmanager das dann immer gierig mitschreiben, muss irgendwie an seiner unwiderstehlichen „personality" liegen) und sieht die Sache im Hinblick auf seine Aufgaben als erledigt an. Jetzt muss die junge Kundenberaterin das mal sichten und für die Kreation aufarbeiten.

Tut sie dann auch, indem sie die Kurz-Zusammenfassung des Praktikanten auf das hausintern entwickelte Briefingformular der Agentur überträgt und hinten die nochmals – natürlich mit zuwenig Toner – kopierten Kopien der 417 Power-Point Charts dranheftet. Logisch, daß sie nicht merkt, daß immer zwei Zeilen fehlen – dazu hätte sie den Schwachsinn ja mal lesen müssen, und das kann die Kreation ja wohl selbst schaffen. Fertig!

Und schon sind wir in der dritten Phase. Der eine Creativdirektor ist gerade auf einem Commercial-Dreh, und so sitzt der andere Creativdirektor im agenturinternen Briefingsgespräch. Er schreibt dabei aber doch lieber eine SMS an seine Freundin und gleich noch eine an seine Frau. So trifft es also den Texter, der vergeblich versucht, in den unleserlichen Kopien irgendeinen Inhalt zu entdecken, der ihn weiterbringt als das, was da auf dem Briefingformular steht: Marke verjüngen, Kommunikation frischer – natürlich ohne die Stamm-Verwender zu vergraulen – Zielgruppe (wie immer): die besser gebildeten „Smart-Shopper"; es muss über ungewöhnliche (was ist das?) Abverkaufsmaßnahmen nachgedacht werden; der Etat und die Media-

Kanäle müssen noch definiert werden (von wem?); Hausfarbe des Kunden ist Blau und das soll als dominantes Gestaltungselement so verwendet werden, daß das kommunikative Erscheinungsbild im allgemeinen Werbumfeld unverwechselbarer wird (keine Kunst, Blau ist ja eine seltene Farbe und kommt in der Werbung kaum vor).

Das alles hilft jetzt aber nicht wirklich weiter und so gehen der Texter und die Kollegin aus dem Art-Departement erst mal einen Kaffe trinken und anschließend entscheiden sie sich mit tödlicher Naivität, den im Briefing auftauchenden Begriff „smart" zu glauben und an einer intelligenten Endverbraucher-Kampagne mit extrem kryptischen Bildern und viel Text zu arbeiten. Als sie damit nach drei Wochen fertig sind, haut ihnen der Creativdirektor die ganze Idee um die Ohren. Er hat zwar das Briefing nicht gelesen und den Creativdirektor von neulich kann er nicht fragen, weil, jetzt ist der auf einem Commercial-Dreh. Trotzdem – daß man hier ganz anders rangehen muss, sieht doch wohl jeder Anfänger!

Oder eben die Freelancer, die jetzt für eine Schweinekohle in 2 Nächten eine radikal verkaufsorientierte Kampagne mit eindeutigen Produktaussagen zusammenklopfen. Diese Aussagen sind zwar so nicht haltbar und der ganze Ansatz hat jetzt endgültig nichts mehr mit dem Briefing zu tun – aber wen juckt das? Die Präsentation haben ohnehin Witzig, Spritzig & Partner gewonnen, die den Job dann allerdings doch nicht machen, weil der Vorstand den Etat spontan der vielversprechenden 3-Mann Werbeagentur des Schwiegersohns des Cousins seiner Frau gibt (diese Agentur hatte zwar an der Präsentationsrunde gar nicht teilgenommen, aber der junge Mann hat sich als Opernbegleitung sehr bewährt).

Außerdem hatte der Vertriebschef das ganze Marketing-Budget längst in eine Beach-Volleyball Promotion in Timmendorf gesteckt und so erscheint am Ende als einzige Marketing- und Werbemaßnahme eine 2-spaltige Streifenanzeige in einem Wochenblatt im „Testmarkt" Nördlingen. Na, lieber Leser, bist Du jetzt gebrieft?

7 Das Produktmanagement

Gleich zu Anfang des 21. Jahrhunderts haben die Werber auch die letzten Reste von Respekt verloren. Vor sich selbst und bei ihrer Kundschaft. Die Auftraggeber fingen damals an, wie wahnsinnig an den Marketingausgaben – und damit auch an den Honoraren für die Agenturen zu sparen.

Also war Krise. Jeder pitchte gegen jeden, natürlich ohne Honorar, Qualität oder Intelligenz spielte nur noch bei ein paar Luxusagenturen mit kreativem Anspruch eine Rolle, man bekam eine Mordsangst, daß das mit dem Porsche-Leasing nicht mehr drin sein könnte – die Angeberhütte am Starnberger See war ja auch nur auf Pump gekauft – und blitzartig war aus spezialisierten Fachleuten, die das Arschgekrieche in ihrem Job immer hinter einem gigantischem Selbstbewusstsein versteckt hatten, eine Horde verunsicherter Lieferanten geworden, die zu jeder Art von Verrat an Würde und Verstand bereit waren.

Und das haben die Marketingleute bei der Industrie dann so was von gemerkt! Jetzt hatten sie die Fuzzis in ihren Armani-Joppen endlich im Schwitzkasten. Unlösbare Aufgaben hießen ab sofort nur noch „Herausforderungen", Jahresverträge, die das Geschäft wenigstens einigermaßen planbar gemacht hatten, wurden ohne Widerrede zu Projektaufträgen mit vierwöchiger Kündigungsfrist umgewandelt. Und hatte eine Agentur sich unter wahnwitzigen Kosten und absolut selbstverleugnerischen Vorleistungen in einem Wettbewerb gegen 30 andere Werbeklitschen durchgesetzt (die Kriterien, die bei derartigen Entscheidungen eine Rolle spielten, hat bis heute niemand begriffen), musste sie noch während der Fertigstellung der ersten Anzeige in dem von ihr kreierten Look mit einem neuen Wettbewerb um den gerade an Land gezogenen Kunden rechnen. Schließlich würde diese Anzeige (Drittelseite, schwarz-weiß, Headline: „Schnäppchenweise Billigpreise!") nicht innerhalb eines Tages den Umsatz des betreffenden Ramsch-Discounters, Billig-Internetanbieters oder Kleinpreis-Möbelgiganten verdreifachen.

Merkst Du was, Leser? Richtig jämmerliche Kreation kann für ziemlich jeden Produktbereich richtig wahllos eingesetzt werden. Je zeitgemäßer die Einstellung des jeweiligen Marketingchefs, desto schneller die Auswechslung der Agentur. Und alle machten mit. Wer das überprüfen will, schaue sich nur mal die völlig außer Kontrolle geratene hire-und-fire-Politik eines großen italienischem Süßwarenherstellers an, der sich in der deutschen Werbeszene seit Jahren austobt wie seinerzeit Attila und seine Hunnen.

Als direktes Ergebnis dieser Entwicklung hat sich die Industrie eine neue Terrrorgeheimwaffe ausgedacht. Sie ist Mitte 20, hat vor ca. 6 Wochen ihr BWL Studium abgeschlossen (natürlich nach Ableistung einiger Praktika bei den jeweils freudlosesten, die abscheulichste Werbung verbreitenden, sich am wichtigsten nehmenden Marketingabteilungen der großen Seifensiedercompanies des Planeten), sie glaubt an ihre unbegrenzte Kompetenz auf einfach jedem Gebiet, an jede Abart von Marktforschung – und an die Kraft von Wortverirrungen wie Perzeptivität, Likeability, Engaginess oder Involvement.

Wer nicht weiß, was diese Worte bedeuten, muß nicht traurig sein – sie bedeuten nichts. Darüberhinaus hat sie (die neue Terrrorgeheimwaffe) einen Freund, der auch Marketing zu machen glaubt, sie spart auf einen Mazda in Porscheoptik und will es sich irgendwann mal/möglichst bald leisten können, einfach so zum Shoppen nach New York zu fliegen (das dann evtl. auch unter Zurücklassung des Freundes – nämlich dann, wenn ihr Chef mitkommt, alles bezahlt, und wenn sein Sperma nicht zu bitter schmeckt).

Zu Zeiten, als es in den Werbeagenturen noch Leute mit halbwegs intakten Abwehrreaktionen gab, hätte man so eine aufgeblasene Kröte ein paar Projekte an die Wand fahren lassen und sie dann – weil ja am Boden zerstört – von dort aufgekratzt und nach eigenen Vorstellungen reanimiert. Mit der Zeit hätte sich daraus in einigen Fällen sogar ein brauchbares Arbeitsverhältnis entwickelt, das unweigerlich in einem Duzungsangebot im Rahme des gemeinsamen Besuchs auf der Reeperbahn oder auf dem Oktoberfest (so ein Event steht natürlich immer in Verbindung mit einem Arbeitsmeeting) kumuliert wäre.

Aber der Werber ist leider im Arsch – das ist wörtlich zu verstehen (ökonomisch und geisteshaltungstechnisch), und so wird jeder Schwachsinn, den die dusslige Kuh anrichtet, still und demütig hingenommen, im Verborgenen geradegebogen und unter Außerkraftsetzung aller Gesetze des Anstandes immer als Erfolg der Kuh und als Fehler der

Agentur gewertet und dargestellt. Das Ergebnis ist katastrophal: die Produkmanager/IN wird immer größenwahnsinniger, denkt sich immer noch unhaltbarere Termine aus („zur Erledigung eines Projektes ist soviel Zeit nötig, wie ich Ihnen dafür eben zur Verfügung stelle, gell, haha …"), und schließlich wird sie sogar befördert, weil ihr Chef es obercool findet, wie sie die Agentur schindet.

Was er nicht weiß, die kleine Streberin verhandelt längst mit einem anderen Arbeitgeber – „ich suche jetzt marketingmäßig eine neue Herausforderung" (natürlich geht es in Wirklichkeit nur um Gehalt, Titel und Geschäftsauto). Sie wechselt, überspringt zwei Beförderungs- und drei Gehaltsstufen – und schwupp, ein Huhn, das mit nichts weiter aufwarten kann, als mit der Disposition einer knapp nicht schiefgegangenen Rubbel-Promotion und mit den Erfahrungen aus der 28maligen Änderung eines 12-sekündigen Funkspots im Rahmen einer Abverkaufsaktion (wir erinnern uns: „schnäppchenweise kleine Preise!") ist Werbeleiterin eines marktbeherrschenden Sanitärreinigerherstellers geworden.

Inhaltlich ist das nicht schlimm, weil sie ja gelernt hat, ihre Unfähigkeit hinter der Arbeit anderer Leute zu verstecken. Aber ihr unfassbar schlechtes Benehmen kann man sich nur vorstellen, wenn man sie live erlebt hat. Dazu braucht man nur in einer beliebigen Werbeagentur für einen beliebigen Großkunden zu arbeiten. Jetzt ein Anruf bei der für Werbung zuständigen Marketingschnepfe – unsere Heldin geht ans Telefon. Denn sie arbeitet genau in diesem Unternehmen – und in jedem anderen auch.

8 Die Marktforschung

Zu einer anderen Zeit hätten Marktforscher bunte Kopftücher und goldene Ohrringe getragen. Heute sind eher die Designerbrillen bunt und die Uhren golden. Marktforschung ist nämlich teuer. Und das kann sie auch, weil sie es geschafft hat, ihr glaskugelschau- und kartenlegenartiges Orakeln als nützliche Tätigkeit mit wissenschaftlichem Präzisionsanspruch zu tarnen.

Dabei weiß der Marktforscher eigentlich gar nichts. Es geht ihm da wie dem Marketingverantwortlichen bei der Industrie. Und so tun sich die beiden zusammen und testen. Sie testen Strategien, Konzepte, Werbe-Ideen, Farbwelten, Soundsignets, Sprecherstimmen – und wenn das Ganze nicht so teuer wäre, würden sie auch noch die Schamhaarfarbe der Hauptdarstellerin eines Fernsehspots und das ideale Briefmarkenmotiv eines Reklamemailings testen.

Weil, Tests geben Sicherheit: was denkt der Verbraucher? Denkt er überhaupt? Welche Idee gefällt ihm, welche nicht? Kaufen die Leute das neue Klopapier „Kacki" lieber, wenn es namensadäquat „creme-beige-umbra" oder eher wenn es neutral „transparent-bernstein-weiß" verpackt ist? Feuert mich der Marketingdirektor hoffentlich nicht, wenn ich beweisen kann, daß ich vor der Markteinführung „alle Parameter überprüft" habe und der Flop von „Kacki" ausschließlich Schuld der überambitionierten Werbeagentur ist, die die „Learnings" aus dem Test wieder mal nicht Eins zu Eins umgesetzt hat?

Natürlich ist das alles Schwachsinn. Noch nie hat so eine Horde von frustrierten Arbeitslosen oder verblödeten Hausfrauen, oder wer sonst noch als Testperson die kreative Arbeit anderer Menschen kaputtschwafelt, irgendetwas zum Erfolg eines Produktes beigetragen. Schließlich wird da der typische RTL-Zuschauer danach gefragt, was er mag und was er kapiert. Endlich darf er mal so richtig über intelligente Ideen, sehenswerte Visuals, witzige Dialoge abkotzen.

Andere Möglichkeit: das, was da getestet wird, ist schon so bescheuert, daß er es gut findet – und dann muß man sich nicht wundern, warum wir ständig so einen grauenhaften Mist im Werbefernsehen zu sehen bekommen. Das kommt davon, wenn Leute, die man sonst nur aus Mittags-Talk-Shows kennt, zum Geschmackspapst mutieren und durch ihre unterirdische Auffassungsgabe das Niveau definieren, auf das sich der Herr Marketingdirektor dann pflichtbewußt festlegt.

Bei den alten Griechen bekamen die Seher, die mit ihren Voraussagen ständig daneben lagen, mächtig eins übergebraten. Da hat es der heutige Marktforscher besser, er verbrät ein paar hunderttausend Euro, liegt am Ende auch völlig daneben und rät dann zu einer weiteren Marktforschung, die zusätzlich die „veränderten Bedingungen des fragmentierten Marktes in dem weitgehend gesättigten Hygienartikelsegment" berücksichtigt. Natürlich mit neuen Konzepten, von einer neuen Werbeagentur, manchmal auch mit einem neuen Marketingassistenten (sein Chef ist natürlich der alte – der schlaue Fuchs hat rechtzeitig einen Schuldigen für die eigene Unfähigkeit gefunden).

Es werden dann die üblichen Testpersonen eingeladen, in unserem Fall: die „käuferschichtsrelevanten" 30-39 jährigen Hausfrauen mit mittlerer Schulbildung, mittlerem Haushaltsnettoeinkommen, mit mitteldoofen Kindern, die in mittelprollen Stadtteilen wohnen, usw.

In der Realität kommen dann auf die 50 zugehende Alkoholikerinnen an, die von der Sozialhilfe leben und sich das Testpersonenhonorar mit einem Schäferhund von knapp 1,40 Metern Schulterhöhe teilen müssen. Aber da schaut der Marktforscher dann lieber nicht so genau hin – und der Herr Marketingverantwortliche sowieso nicht. Der braucht nur einen Test mit einem quantifizierbaren Ergebnis. Sozusagen Schulnote statt Inhalt.

Am Ende sind dann wieder alle Ideen tot, die irgendwie neu oder anders waren, und möglichst durchschnittliche Banalitäten werden – total analytisch und seriös – als das Allheilmittel gegen die Unverkäuflichkeit eines einlagigen Klopapiers hingestellt, das „Kacki" heißt und auch so aussieht. Und jetzt soll bitte noch einer sagen, Marktforschung wäre ein Griff ins Klo!

9 Die Konkurrenz

Früher, als Werbetexter handgenähte Schuhe noch für unabdingbar hielten, früher, als jeder Werbefilm einfach das doppelte von dem kostete, was man bei einer seriösen Kalkulation dafür ausgeben gemußt hätte – das wurde akkzeptiert, weil der Werbeleiter ja mit zum Dreh fuhr und eben auch mal nach Kapstadt wollte, oder nach Los Angeles – früher, als bei Photoshootings noch Stylistinnen und Hair-Artists und Wardrobe-Directors herumsprangen, früher als das Catering (normale Menschen sagen dazu Essen) noch von Käfer kam, früher als Agenturen und ihre Kunden noch mehrere Jahre zusammenarbeiteten, früher als es noch Kampagnen gab, die nicht nach einer Anzeige die Umsätze bereits mindestens verdoppelt haben mussten, früher als man in der Werbung noch Geld verdienen konnte – früher waren Werber auch schon Nutten, aber zumindest gute und teure.

Inzwischen schlagen sich immer mehr verängstigte Agenturen um die Gunst von ein paar immer schamloser und erpresserischer agierenden BWL-Absolventen, die sich einbilden, Marketing zu betreiben. Daran sind die Werbebubis aber selbst schuld. Sie haben es halt gnadenlos übertrieben und ihre kleinbürgerliche Gier nach Schampus und teuren Hotels macht sie so manipulierbar wie nie zuvor. So ziemlich jeder Nachwuchskreative, der in den letzten Jahren ein paar vernünftige Ideen zur Veröffentlichung gebracht hat, hat sofort danach eine eigene Werbebutze gegründet – und jetzt will er eben auch ein Haus auf Mallorca und einen Porsche.

Das haben die Betriebswirte irgendwann mitbekommen – und jetzt lassen sie sich so richtig bitten. Ätsch. Nehmen wir mal eine einfache Wettbewerbspräsentation. Das war (früher), wenn der potentielle Kunde zwei oder drei Agenturen aufforderte, Ideen zu einer bestimmten Aufgabenstellung zu präsentieren. Dafür bezahlte er ein angemessenes Honorar, dann suchte er sich was aus, und dann wurde es so gemacht.

Heute läuft das anders: erst mal treten mindestens 8 Agenturen an, die meisten übrigens ohne Kohle (was sie natürlich nie zugeben würden). Der Kunde bindet das den

Werbejungs natürlich nicht auf die Nase, dafür hat er gar keine Zeit – weil, erstens freut er sich zu sehr, daß die Agenturen ihre Arbeit selbst für so wertlos halten, daß sie sie ihm quasi schenken, und zweitens redet er sowieso nicht selbst mit den Werbefuzzis, sondern das macht Frau Berger oder Herr Gerstenhuber (also Leute aus irgendeiner Abteilung, die irgendwas mit Werbung zu tun hat, und die später auf die Entscheidung der Präsentation absolut keinen Einfluß haben). Das, was Frau Berger der Agentur erzählt, heißt Briefing und stellt meistens ihre Sicht der Dinge dar, hat aber selten etwas mit der Sicht der Dinge zu tun, die ihr Boss hat.

Die Werbeprofis legen also los und arbeiten wie irre und geben sinnlos Geld für freiberufliche Kreativstars aus, denen es ziemlich wurscht ist, was am Ende bei der Sache rauskommt. Diese Stars waren nämlich selbst mal in einer Agentur und wissen, daß es reine Glückssache ist, wenn man so eine Massenpräsentation gewinnt. Sie schreiben kurz darauf einen Brief, der mit dem Satz beginnt: „Ich erlaube mir, Ihnen € 12.000 für Konzeptionsarbeiten im Zusammenhang mit dem Projekt ‚Soundso' zu berechnen".

Und wenn sie Glück haben, können sie ihre Idee ein paar Monate später einer anderen Agentur gleich noch einmal verkaufen. Vielleicht sogar für den gleichen Kunden, denn Entscheidungen dauern heutzutage mindestens ein halbes Jahr – und warum soll man als König Kunde nicht noch einmal 8 Agenturen zur Kür bitten, kost ja nix.

Die Leute in der Agentur machen zusätzlich auch noch ungefähr 30 verschiedene Kampagnen, die alle vorgestellt werden sollen, und am Abend vor der Präsentation hat der Geschäftsführer noch die Idee, daß er eine Anzeige vorführen will, die beim Vorlesen anfängt zu fliegen, und so bleiben zwei wehrlose Praktikantinnen bis zum Morgen tränenüberströmt in der Agentur und versuchen, die Anzeige mit Helium zu füllen, während der Geschäftsführer ohne Verdeck durch die Nacht fährt und sich an seiner Idee berauscht (manchmal trinkt er dazu auch noch einen Wodka mit Red Bull).

Dann ist Präsentationstag. Der einzige, der ausgeschlafen ist, ist der Agenturboss. Alle anderen waren bis zur letzten Sekunde am Basteln. Da werden zum Beispiel bis zum Tagesanbruch alle Ideen in dem tollen Programm Power-Point dargestellt, das immer abstürzt, wenn man seit 2 Stunden nichts gesichert hatte. Beim Kunden funktioniert, dann aber meist der Beamer nicht, und so bleibt der Power-Point Auftritt halt weg. Dafür hat man dann

Pappen: das sind große schwarze Kartons, auf die man die Entwürfe aufklebt. Die Pappen kommen zum Transport in riesige Taschen, die Särge heißen, mindestens 30 Kilo wiegen und im Flugzeug nicht in den Stauraum über dem Sitz passen.

Der finale Hohn sind allerdings sogenannte Booklets: geheftete Kopien der Ideen und Entwürfe, die immer weit über 100 Seiten pro Exemplar haben müssen und die noch nie ein Kunde angesehen hat. Trotzdem sind Booklets der Grund für Katastrophen jeglicher Art: wenn morgens um drei der Drucker schlapp macht, wenn die Sekretärin, die nach Geschäftsschluß gerne mal einen trinkt, eine Flasche Rotwein drüberkippt – oder, der Klassiker: wenn der Geschäftsführer doch noch mal – so gegen Mitternacht – in die Agentur kommt und just als gerade alles fertig geheftet daliegt, unbedingt zwei Formulierungen auf den Seiten 41 und 96 ändern will.

Jetzt schnell zum Flughafen und die gelangweilte Bodenpersonalsdame von der Lufthansa angemotzt, weil man nicht in der ersten Reihe sitzt – Uschi Glas sitzt da – obwohl das ausdrücklich so bestellt war, wozu ist man eigentlich Senator? Und dann trifft der Werber auf seinen Todfeind: den Unternehmensberater. Die ganze Business-

Class ist voll von ihm: 28, sportstudioschlank, strotzend vor völlig unbegründeter Zuversicht in eine glänzende Zukunft.

Sein Laptop auf den Knien (bei ihm funktionieren Power Point und Beamer immer!), immer arbeitend, immer aktiv, immer auf der Suche nach einem Kostenposten, den man einsparen kann („Ist das Honorar für Ihre Werbeagentur eigentlich nicht unangemessen hoch, Herr Doktor Hassfurter?"). Das ekelerregendste am Unternehmensberater ist jedoch der Moment, wenn der Flieger ausgerollt und angedockt ist und das Klingelzeichen für „Gurt abschnallen" ertönt. Genau in diesem Moment steht er bereits in zigfacher Klonausführung im Gang neben seinem Sitz und seine Umhängetasche (mit Laptop und Beamer) wuchtet erbarmungslos alles nieder, was da noch im Flugzeug herumkreucht. Der kleine Hubsi wird jetzt ganz groß und gaaaanz wichtig: jetzt wird er da rausgehen und es denen so richtig besorgen (hat er schließlich im Motivationsseminar mit Konfliktsteuerungsmanagement so gelernt, Chakka!!!).

Ein anständiger Werber steht erst jetzt auf. Er ist cool und nicht so ein Arsch. Außerdem ist er todmüde und die strategische Planerin (so eine Art Wahrsagerin für die

Wünsche des Verbrauchers) ist ziemlich lustlos, weil sie sich fragt, ob der Geschäftsführer sie auch mal was vortragen lässt, oder ob er wieder alle im Raum ganz alleine niederschwätzen wird (lustigerweise glauben alle Agenturchefs, daß sie glänzende Redner und Verkäufer sind). Dann geht es zum Kunden (nicht ohne den pakistanische Taxifahrer anzumotzen, weil er die Amseldrosselstraße nicht auf Anhieb auf dem Stadtplan findet) – und da muß man dann eine Stunde warten weil die Agentur vor einem überzieht, wie die davor und die davor übrigens auch.

Jetzt ist der Geschäftsführer plötzlich ziemlich bleich, dummerweise hat er sich nochmal ausgerechnet, was unterm Strich bliebe, wenn man das Geschäft an Land zöge, und genau in diesem Moment wird ihm klar, die Agentur, die da gerade präsentiert, das ist Witzig, Spritzig & Partner, sein Angstgegner, und außerdem hat deren Kreativchef ihm vor 23 Jahren mal eine Freundin ausgespannt.

Später geht dann alles ziemlich wie immer: der Chef war natürlich supergut (ist sich aber nicht sicher, ob der Kunden-Chef ihn mochte). Die Grafikerin hat wieder zuviel über Ästhetik geschwafelt. Die Frage von dem Kunden-Finanzvorstand nach der Finanzierbarkeit der Idee mit dem Flugzeugträger war echt saublöd und außerdem extrem unfair (wahrscheinlich hat der irgendeinen Deal mit Witzig, Spritzig & Partner). Am Ende fliegen alle wieder heim und warten auf das Ergebnis.

Das kommt aber nicht. Erstens weil der Oberkunde während der Präsentation gemerkt hat, daß er überhaupt keinen Plan hatte und er sich jetzt überlegt, ob er nicht eine neue Präsentationsrunde ausruft, wo er sich zum Briefing selbst mal ein paar Gedanken macht. Und zweitens weil Frau Berger nicht anrufen mag, um einem zu sagen, daß man raus ist.

Also ruft die Agentur selbst an (ca. 70 Mal an einem Tag), und Frau Berger ist dann immer in einem Meeting. Wenn dann nach ca. 8 Monaten in der Fachpresse steht, wer gewonnen hat, hat man fast schon vergessen, daß man an dieser Schlacht teilgenommen hatte. „Und außerdem gewinnen ja eh immer nur die größten Nutten-Agenturen mit den banalsten Ideen und den selbstausbeuterischsten Vertragsangeboten. Und so eine Agentur ist man ja nun wirklich nicht". Und außer-außerdem ist man gerade dabei, für die Präsentation bei dem wichtigsten Konkurrenten des Kunden von neulich eine Anzeige basteln zu lassen, die beim Vorlesen anfängt zu fliegen. Geile Idee, oder?

10 Der Werbefilm

Der Werbefilm, bzw. seine Herstellung, ist das größte, was dem Werber passieren kann. Denkt er jedenfalls, solange er sich anständige Urlaubsziele noch nicht selbst leisten kann und solange er die Arschkriecherfreundlichkeit der Filmproduktions-Aufnahmeleiterin mit seiner männlichen Ausstrahlung in Verbindung bringt.

Früher funktionierte komfortable Werbefilmerei ja auch ganz leicht: man malte Bilder, die zeigen sollten, wie der Film später aussehen würde – und zufällig waren da immer ein paar Palmen im Hintergrund zu sehen, und so konnte der Spot für den neuen Kloreiniger eben nur in Aruba oder wenigstens Mallorca realisiert werden. Außerdem kam der Produktmanager des Kloreiniger-Herstellers mit auf den Dreh – plötzlich gab es zwei Aufnahmeleiterinnen mit hübschen Hintern und alle fanden sich ziemlich cool.

Heute geht das natürlich alles ganz anderes. Jetzt will der Marketingdirektor auch noch mit zum Dreh, der Creativdirektor aus der Agentur will die 19 jährige Praktikantin mitnehmen, der Inhaber der Filmproduktion will sich endlich seinen ersten Porsche bestellen – und so wird der Spot solange mit irgendwelchen Testverfahren verschleppt, bis es November ist und man nun doch wieder ganz weit wegfahren muß. Natürlich nicht wegen irgendwelcher Palmen im Bild (darauf fällt nun wirklich keiner mehr rein), sondern wegen der von der Agentur beschworenen mediterranen Lichtführung – und die gibt es eben nur in der Karibik oder in Neuseeland oder da, wo der Marketingdirektor noch nicht war.

Oder der Werbeleiter, oder der Creativdirektor, oder der, der bei dem Projekt gerade den großen Kompetenzhuber gibt. Interessanterweise erreicht man in derartigen Gockelkonstellationen sonst meistens keine deutlichen und schnellen Einigungen – aber bei der Entscheidung für tropische Drehorte oder für ein 23-jähriges blondes Busen-Model als Hauptdarstellerin in einem Werbespot über die Kloreinigungsprobleme einer 43-jährigen Hausfrau klappt es immer. (Klar stand das anders im Script, aber da kann man ja wirklich mal ein bißchen flexibel sein).

Also rein in die Business Class und ins Fünf-Sterne Plus Hotel. Und wenn am Drehort morgens in 200 Kilometer Entfernung eine Wolke vorbeizieht – heissa, dann ist Schlechtwettertag, wir können nicht drehen und bleiben noch ein bisschen länger! Eigentlich wäre ja Sparen angesagt, aber das kann man dann ja immer noch, wenn alle wieder zurück sind vom großen Filmabenteuer.

Zack, da kürzen wir der Agentur mal das Honorar, und noch mal zack, das Mediabudget wird halbiert – muß der Film halt mehr Durchschlag aus sich selbst heraus haben. Wenn das nicht klappt, können wir die Agentur ja immer noch feuern oder eine andere für lau ihre Ideen präsentieren lassen. Manchmal kann der Marketingdirektor dann aber doch nicht mit, weil es ein großes Krisenmeeting in London gibt. Dann wird plötzlich wieder ganz genau gerechnet – und wenn man die Szene mit der schönen Unbekannten im pink-grünen Bikini weglässt, kann man den Film vielleicht doch in einer alten Fabrikhalle in Dortmund drehen. Das mediterranen Licht machen dann halt die Scheinwerfer und die Computernachbearbeitung des Bildmaterials.

Diesmal kann der Marketingdirektor aber. Also machen es sich alle mal richtig nett und auf dem Dreh geht es zu wie in einem Feriencamp für psychisch gestörte Kinder. Jeder darf reihum mal einen Tag ausrasten. Der Werbeleiter, weil der Regisseur tatsächlich Regie machen will und diesen Job nicht an ihn abtritt. Der Creativdirektor, weil der Marketingdirektor sein Wortspiel in der Schlussszene einfach aus dem Script rausstreicht. Der Produktionschef, weil der Kameramann jeden Tag noch bekokster zur Arbeit kommt. Die Aufnahmeleiterin, weil ihr treuloser Freund aus Versehen eine schweinisches SMS an sie schickt, die er natürlich für eine andere geschrieben hat.

Es wird geschrieen, sich beleidigt und rumgeschmollt, mit Abbruch des Projektes gedroht – und abends nach sechs Wein und zwei Cocktails haben sich dann alle wieder lieb und es war nie so gemeint – und zum Glück gibt es ja andere Werber, Filmer und Industriemenschen, die nicht dabei sind und über die man lästern kann. Das schweißt zusammen und lenkt von der eigenen Mickrigkeit ab.

Am Ende des Drehs haben alle das Gefühl, es hätte sich so was wie ein Familiensinn bei den Beteiligten entwickelt. Besonders der Inhaber der Filmproduktion legt Wert auf diese Feststellung. Schließlich will er ja sobald wie möglich weitere Filme mit seinen neuen Brüdern und seiner neuen Schwester drehen (die Praktikantin hat sich offensichtlich nicht von ihrem Creativdirektor vögeln lassen und nun wird der Herr Filmemacher da mal angreifen, das wäre ja wohl gelacht, man muß das halt nur nicht so saudumm anstellen wie dieser Typ mit seinen schwulen, handgenähten Schuhen).

Erst im Flugzeug tauchen die ersten Zweifel auf, ob man bei der Szene mit der Produktverwendung nicht doch zu mutig war. Jeder überlegt schon mal, wer schuld sein könnte. Irgendwen muß man ja hinhängen können, wenn der Vorstand der Kloreiniger-Company eine kritische Frage stellt. Schließlich muß der es ja besser wissen, wie man einen Film beurteilt – und da braucht ihm nun keiner was zu erzählen (was dann ja auch – inclusive Regisseur – keiner tut).

Am Ende werden 70 Prozent des Filmes in der Computerbearbeitung völlig anders nachgebaut, als es in dem abgenickten Storyboard stand, alle Außenaufnahmen fallen weg, weil der Vorstand findet, man sähe das Produkt sonst nicht genug „in use". Der Packshot, also das, wo das Produkt einfach nur langweilig rumsteht, wird auf 9 Sekunden verlängert und nachdem der Film drei (!) Mal gelaufen ist, wird er vom Sender genommen, weil die Stiftung Warentest rausgefunden hat, daß man üble Pickel am Hintern bekommt, wenn man den Kloreiniger aus Versehen auf die Brille sprüht.

11 Der ADC

Wenn sich irgendwo zwei Deutsche treffen, die mindestens ein gemeinsames Interessengebiet haben, dann gründen sie einen Verein. Kommt dann noch ein dritter dazu, haben sie schon einen Schriftführer. Ab fünf Mitgliedern stellt sich ganz automatisch die Frage nach regionalen Untergruppen – und dann muß eine Satzung her und eine Geschäftsordnung und ein Mitgliederbeitragskonto und ein Präsident – und insofern unterscheiden sich der ADC und der ADAC eigentlich nicht.

Den ADAC kennt fast jeder, daß er neuerdings ein paar kleine Probleme halt, müssen wir hier nicht weiter vertiefen. Er will, daß die Autos besser, die Autobahnen schneller und der Sprit billiger wird. Den ADC kennen nur Leute, die sich für Werbung interessieren. Für alle anderen, hier jetzt also, was der ADC will: nämlich, daß die Werbung besser, die Agenturen kreativer und die Kunden mutiger werden.

Das sind doch eigentlich tolle Ziele – mindestens genauso wertvoll wie billigerer Sprit. Die Sache ist nur nicht ganz einfach. Der ADC – und damit auch seine Ziele – stammt nämlich aus einer Zeit, als in Deutschland noch Bücher erschienen wie „Werbung ist Kunst". Das war eine Zeit, als man dachte, daß Menschen Spaß daran hätten, intelligent verschlüsselte Botschaften zu dechiffrieren und sich dann auch noch an die Botschaft zu halten, also sagen wir mal, ein bestimmtes Deo zu kaufen.

Damals gab es ja auch nur drei Fernsehprogramme und zum Lesen den Stern und die Bunte. Also konnte sich so ein Verbraucher schon mal hinsetzen und ein bißchen dechiffrieren. Hat ihm vielleicht auch noch Spaß gemacht und manchmal hat er dabei sogar was gelernt. Heute hat der Verbraucher für sowas allerdings keine Zeit mehr.

Die Industrie gibt Milliarden für Werbung aus, und wenn da einer mit intelligenten Botschaften kommt, sagt der Verbraucher: „Geh mir doch bloß weg mit Intelligenz!" Für alle, die nicht wissen, was ein Verbraucher ist – hier zur Sicherheit die Definition: Der Verbraucher ist männlich, 34 Jahre alt, überdurchschnittlich gebildet – er hat nämlich Jura oder Betriebswirtschaft studiert – dazu ist er verheiratet, er verfügt über ein Haushaltsnettoeinkommen von über 3200 €, er hat 1,3 Kinder und einen 3er BMW.

Das wissen wir alles aus der Marktforschung – auch daß der Verbraucher beim Rotwein gern mal einen Chilenen ausprobiert, während er beim Klopapier auf sein altbewährtes Dreilagiges vertraut. Der ADC haßt die Marktforschung, weil er glaubt, daß es zum Beispiel auch einen Verbraucher gibt, der gern Bücher liest, anderen Menschen über die Straße hilft und sich die Zeit nimmt, gelegentlich über Werbung nachzudenken und was sie einem sagen will. Daran merkt man, daß der ADC auch nur ein Mensch ist und sich hin und wieder zu Träumereien hinreißen läßt.

Natürlich hat die Marktforschung recht, schließlich kostet sie sehr viel Geld und das würde sie ja nicht bekommen, wenn das alles nur ein bißchen Voodoozauber wäre, was sie den Leuten bei der Industrie erzählt. Jetzt aber wieder zum Unterschied zwischen ADAC und ADC: Mitglied im ADAC wird man, indem man einen Mitgliederantrag ausfüllt. Mitglied im ADC wird man, wenn man jemanden kennt, der schon Mitglied ist, wenn man in Hamburg oder Berlin arbeitet, und wenn man schon mal Werbung gemacht hat, die der ADC gut fand.

Es ist dabei nicht so wichtig, ob diese Werbung von einem selbst stammt oder so ähnlich schon mal von einem Werber in Thailand erfunden wurde. Man muß nur aufpassen, daß der ADC den Schummel nicht merkt. Sonst kann er nämlich mächtig sauer werden – aber meistens merkt er ja nichts. Damit der ADC mitkriegt, was es an guter Werbung in Deutschland gibt, muß er sich einmal im Jahr treffen. Am liebsten in Berlin. Das stammt auch noch von früher. Damals war Bonn zwar Hauptstadt aber der ADC fuhr trotzdem immer nach Berlin. Wegen der Symbolik – und wegen der Paris-Bar. Heute trifft sich der ADC immer noch in Berlin, obwohl es die Bar so nicht mehr gibt – aber München ist eben zu südlich und Hamburg zu nördlich. Und wer will schon ein Wochenende in Stuttgart oder Hannover verbringen?

Wenn dann alle ADC-Mitglieder in Berlin angekommen sind, ist erst mal großes Hallo und alle gehen ins Adlon an die Bar. Weil, alle kennen sich, waren schon mal Kollegen oder wenigstens mal zusammen im Bett oder besoffen oder in Cannes – aber das ist eine andere Geschichte. Sollte es sich mal zufällig ergeben, daß sich ADAC und ADC gleichzeitig in Berlin treffen, ist das völlig unproblematisch. Die Leute, die zum ADAC gehören, erkennt man daran, daß sie gelbe Sachen anhaben und „Gelbe Engel" heißen. Die

Leute vom ADC haben schwarze Sachen an und heißen „Art Directors".

ADC bedeutet nämlich Art Directors Club. Lustigerweise sind die meisten Leute beim ADC aber gar keine Art Directors, was etwas mit graphischer Gestaltung und Geschmack zu tun hat, sondern Texter, was nichts mit graphischer Gestaltung zu tun hat, weil, die Texter sind meistens farbenblind oder frei von Geschmack. Wenn das Hallo dann vorbei ist, dann ist Jury. Die Mitglieder des ADC schauen sich alles an, was viele Agenturen eingeschickt haben um einen Preis zu gewinnen. Auch daran ist etwas lustig: die Preise bekommen nämlich immer nur die Agenturen, in denen die Mitglieder des ADC arbeiten.

Die anderen kriegen nichts und dürfen nur ihre Arbeiten einschicken und dafür hohe Teilnahmegebühren bezahlen. Das ist aber nicht so schlimm, weil dann kommt ja das Fest. Das Fest kostet nochmal irre viel Eintritt und ist immer ausverkauft. Aber immerhin dürfen da auch Leute rein, die nicht im ADC sind. Am liebsten natürlich blonde Frauen unter 25 mit großen Brüsten und dem festen Ziel, wenigsten einmal im Leben mit einem ADC-Mitglied zu schlafen.

Am nächsten Tag fahren dann alle heim in ihre Agenturen, und einige sind stolz und glücklich – aber die meisten anderen wissen jetzt, daß sie nie eine blonde Frau unter 25 mit großen Brüsten und dem festen Ziel, wenigstens einmal im Leben mit einem ADC-Mitglied zu schlafen, rumkriegen werden. Es gibt dann einen Medaillen-Spiegel wie bei den Olympischen Spielen, nur führt da nicht immer Russland oder Amerika, sondern JungvonMatt.

Diese Art von Buchführung kennt man wiederum auch vom ADAC: dort heißt sie Pannenstatistik, und da führt dann immer Mercedes oder BMW, was wieder gut zum ADC paßt – weil das sind genau die Automarken die seine Mitglieder am liebsten fahren und weil auch der ADC gern mal ein Ergebnis ein bißchen in die richtige Richtung lenkt. Eine Woche nach der ADC Veranstaltung in Berlin erscheinen dann in allen deutschen Fachmagazinen für Werbung seitenlange Berichte und Interviews. Die, die gewonnen haben, sagen, daß – außer ihren eigenen Sachen – die deutsche Werbung noch lange nicht so gut ist, wie zum Beispiel die brasilianische Werbung – das kann man immer gut sagen, weil kein Mensch je irgendeine brasilianische Werbung gesehen hat. Die, die nichts gewonnen haben, sagen, daß alles Schiebung war und daß sie den ADC ab jetzt boykottieren werden. Nächstes Jahr fahren sie dann aber doch wieder hin und sind frustriert, oder sie bewerben sich bei einer der Gewinner-Agenturen, was aber nur einen Zweck hat, wenn man eine blonde Frau unter 25 mit großen ... .

12 Der Nachwuchs

In der Werbung gilt inzwischen das Gleiche wie überall: die Arschlöcher werden immer jünger. In seiner Eigenschaft als Dozent für den Werbenachwuchs, konnte der Verfasser diese Entwicklung über Jahre hinweg studieren. Absolventen einer Akademie für Werbung und Design empfinden es tatsächlich als „Problem", sich im Rahmen ihrer Abschlussarbeit für unterschiedliche Kommunikationskanäle adäquate Lösungen einfallen zu lassen. Man muß sich das mal vorstellen – zukünftige Berufskreative fürchten sich vor dem Kreativsein!

Ein Klassiker ist auch die Standardfrage der jungen Talente, wenn der Dozent am Ende eines Seminars über die Geisteshaltung von Werbern seine Bereitschaft zu einer weiterführenden Diskussion andeutet. „Was kann denn ein Einsteiger so als Anfangsgehalt verlangen?" – das ist es, was junge Werber besprechen wollen, nicht Stolz, Qual,

Ehrgeiz, Eitelkeit.

Kein Wunder, daß sich solche Kleinsparer glänzend mit den industriellen Junior-Produktmanagern verstehen, die nur einen Wunsch haben, der noch stärker ist, als der Schiß vor ihren Vorgesetzten. Einmal mit zum Filmdreh nach Brasilien. Dämlich auf dem Set rumhocken, sich ständig Getränke und Snacks bringen lassen – und dann abends: die besten Weine, die frischesten Hummer, die dicksten Zigarren! Hurrah, die Filmproduktion zahlt und der ängstliche kleine Betriebswirt, der vor noch gar nicht langer Zeit einen 3er BMW ernstlich für ein Auto gehalten hatte, wird zum Genießer mit Dicke-Hose-Ansprüchen.

Wie schnell man sich an alles gewöhnt. Die Generation mit den schlechtesten Manieren seit 40 000 Jahren kriegt plötzlich einen Lebensart-Flash und schwätzt mit gleichgesinnten, pickligen Kollegen über die interkontinentalen Sitzverstellmöglichkeiten bei der Lufthansa im Vergleich zur Singapore Airlines oder zu Air New Zealand. „Business" versteht sich. Ein Trost nur, daß diese Holzköpfe wenigstens privat noch ganz lange Holzklasse fliegen müssen.

Das finden sie übrigens auch ganz normal, sind sie von ihrer genetischen Ausstattung her doch die geborenen Untergebenen. Das heißt, sie wollen gar nicht dorthin, wo die großen Räder gedreht werden, denn dort tut es ja meistens auch am meisten weh. Im geeigneten Moment ein kleines Schnäppchen, unverdient mal schnell weit über die eigenen Verhältnisse leben, etwas nicht bezahlen müssen – das sind die köstlichen Momente im Leben einer solchen Industrieameise.

Später, wenn sie sich dann ein paar Karrierestufen hochgespeichelt und immer einen Idioten gefunden haben, dem sie ihre Unfähigkeiten anhängen konnten, treffen sich unser kleines Werberhürchen und der konsumkorrupte, nun gar nicht mehr so naive und auch nicht mehr so junge Manager bei irgendeinem Business wieder. Und jetzt lassen sie es richtig krachen. Schließlich sind sie Deutschland, wie es vor ein paar Jahren in der dümmsten Werbekampagne der letzten 50 Jahre hieß.

Jawoll, Deutschland! Das ist Gehorsam gegenüber dem Boss, also einem überschätzten, überbezahlten Angestellten ohne Unternehmergespür, dafür aber mit einem fetten Abfindungsvertrag. Das ist – nach dem erschreckend erfolgreichen Beispiel der ersten deutschen Kanzlerin – die totale Entscheidungsverweigerung sogenannter Entscheidungsträger: warum den eigenen Kopf hinhalten, an etwas glauben, für eine Meinung eintreten? Der Werber nagelt irgendeine seelenlose Mainstream-Lösung zusammen, und dem „Manager" ist es doch sowieso wurscht, wie seine Kampagne aussieht, Hauptsache sie übersteht die Marktforschung – und wenn der Schrott dann im Markt versagt, ist man ja schon längst im Ausland, auf der nächsten Karrierestation.

Und dafür hat man dann neuen Nachwuchs. Das Chaos aufräumen, das da hinterlassen wurde, die Ohrfeigen abholen für das Versagen der Vorgänger. Und ganz schnell lernen, worauf es in Deutschland ankommt, ankam und immer ankommen wird: nach oben buckeln und nach unten treten.

13 Der Retter

Alle paar Jahre wieder holt sich irgendeine große, langweilige Agentur einen heißen, hungrigen (!) Kreativen, der sie in Bezug auf den kreativen Anspruch nach vorne bringen soll. Das geht grundsätzlich immer schief und nach einer Weile verlässt der heiße – nicht mehr ganz so hungrige – Kreative die Agentur mit einer dicken Abfindung.

Schauen wir uns diesen Dauerbrenner managementtechnischer Fehleintscheidungen doch einmal chronologisch an. Zunächst ist da die große, langweilige Agentur. Meistens gehört sie zu einem amerikanischen Netz, hat keinen Chef, sondern einen Managing Director, der irgendwann auch mal was zu sagen haben möchte, und muß ca. 156 mal im Jahr einen Report an die Amis schicken, wo bewiesen wird, daß die Agentur rentabel ist. Das ist sie meistens auch, weil sie große Firmen als Kunden hat, die viel Arbeit machen und dementsprechend halbwegs vernünftige

Honorare bezahlen.

Große Kunden – also die Angestellten der großen Kunden – haben allerdings einen Haken: sie hassen meistens jede Form von Originalität oder Innovation in ihrer Werbung. Das liegt daran, daß man diese Eigenschaften nicht durch Marktforschungstests untersuchen und vorab absichern lassen kann. Damit ist plötzlich eigene Entscheidungsstärke gefragt – und die fürchtet der durchschnittliche Marketingchef des großen Kunden wie die Pest. Ist ja auch klar, hätte er eine eigene Meinung oder gar Mut, dann wäre er bei einer kleinen, heißen Software-Schmiede und das lohnt sich eben erst wenn es klappt. Oder gar nicht.

Die große, langweilige Agentur verdient also einigermaßen gut Geld, das sie der amerikanischen Mutter-Holding überweist, aber das reicht nicht. In jeder Management-Befragung behaupten die Bosse der großen Kunden-Firmen nämlich, daß das wichtigste Kriterium für die Entscheidung, mit welcher Agentur sie zusammenarbeiten wollen, deren kreatives Potential sei. Die Aquisitionsspezialisten der Holding glauben das tatsächlich und nun gerät der Managing Director z. B. der großen, langweiligen deutschen Niederlassung unter Druck. Das kreative Produkt muß besser werden – schließlich ist es das, womit man neue Kunden gewinnt.

Und die Kreativen, die schon da sind, sind halt Flaschen, die nur das langweilige Zeug hinbekommen, das der große Kunde bestellt hat. Der legt nämlich – wenn er nicht gerade in einer Managementbefragung so tut, als wäre er cool und innovativ – nicht den geringsten Wert auf kreatives Potential.

Jetzt hat der deutsche Management Director eine Idee. Er schaut, wer bei einer kleinen, spannenden Agentur viele Preise auf Kreativwettbewerben gewonnen hat und sich deshalb vielleicht für den Job eines Kreativgurus für seine Agentur eignet. Und den wirbt er dann mit irre viel Kohle und mit einem irre phantasievollen Titel ab, um die große, langweilie Agentur zu „retten" – jedenfalls verkauft er es dem jungen ehrgeizigen Kreativen so.

Dumm nur, daß er dabei ein paar extrem wichtige Dinge vergisst. Eine kleine, heiße Agentur macht nämlich meistens deshalb so witzige, mutige, oder zumindest ungewöhnliche Sachen, weil sie meistens für kleinere Kunden arbeitet, die meistens einen Inhaber oder einen Manager haben, der sich meistens was traut.

Und die kleinen Agenturen haben meistens einen oder

ein paar Inhaber, die sich auch was trauen. Mit der amerikanischen Arschkriech- und Angstkultur der Großagenturen hat das nichts zu tun. Und genau in diese Kultur kommt der neue Kreativguru nun hinein. Zunächst glaubt er noch, er könnte wirklich was für die Reputation der Agentur tun. Aber da hat er nicht mit den alten Haudegen gerechnet, die da schon seit ewigen Zeiten sitzen. Brave Kreative, die seit 12 Jahren keine Idee mehr hatten, aber es dem Auftraggeber nun mal genauso besorgen wie er das will. Kundenberater, die alles, was der neue Kreativguru anleiert, heimlich wieder rückgängig machen und die gar nicht gerettet werden wollen. Schon weil sie an Kreation nicht im geringsten glauben.

Oder Finanzleute, die schon nach 3 Wochen laut vorrechnen, was der kreative Amoklauf des neuen Spinners die Agentur kostet. Nach einer Weile zeigt sich dann allerdings auch, daß der heiße Kreative seinen Job nicht so ganz richtig verstanden hat und daß er nicht ganz der Titan ist, für den er sich eigentlich gehalten hatte.

Seine Expertise als herausragender Kreativer verdankt er schließlich zu einem ganz großen Teil der biotophaften Situation in seiner früheren Agentur: da arbeiteten Leute, die es wirklich bringen wollten, da glaubte man an Kreativität, da stand unser junger Guru nicht völlig allein gegen lauter uninspirierte Defensivspieler. Und inzwischen sollte er jetzt auch kapiert haben, daß sich die Art von Kreativität, von der die Bosse auf Kunden- wie auf Agenturseite immer reden, eigentlich so gut wie gar nicht in Awards bei Werber-Wettbewerben ausdrückt.

Bitter, doch wenn der Auftraggeber zig Millionen für seine Kampagne ausgibt, möchte er, daß mehr dabei rauskommt als eine Bronzemedaille beim deutschen Kreativclub. Es geht wie immer um Geld. Um Umsätze, um Profite. Für den Kunden, für die Agentur. Und schließlich auch für den Guru, der sich jetzt allmählich selber retten muß. Denn über seinem Kopf braut sich etwas zusammen, das man Scheitern nennt.

Jetzt wird es spannend. Der junge Superstar hat natürlich den Fehler gemacht, sich mindestens einen Riesenschlitten, eher aber noch eine repräsentative Hütte mit Rheinblick (nur mal als Beispiel, falls die große langweilige Agentur in Düsseldorf ist) auf Pump zu kaufen. Dazu kommen die blitzschnelle Gewöhnung an einen größenwahnsinnigen Lebensstil und das etwas kostspielige Verhältnis mit einer Gucci-afinen Juniorkundenberaterin, die mal „Miss junges NRW" war. Wie soll es jetzt weitergehen?

Zurück in den kleinen, heißen Laden kann er schon mal nicht, weil dort inzwischen schon die 20-jährigen mit Hörsturz umkippen – und mit seinen 31 Jahren ist nun wirklich nicht mehr der belastbarste. Weitermachen und den Amis hinten reinkriechen ist noch ätzender, er ist schon jetzt an vier von fünf Abenden besoffen. Die einzige Perspektive ist eine eigene Agentur. Die wird dann genauso, wie er sich das vorstellt. Geile Kreation, geile Leute, geile Kunden. Und bis das alles so läuft, reicht die zu erwartende Abfindung von den Amis locker. Wird halt das Haus verkauft. Die Tussi nervt eh – und immer nur Schampus ist doch auch nicht das Leben.

Dieser Plan geht immer auf. Bißchen renitentes Getue bei den Großkunden, bißchen sarkastisches Anmotzen des Management Directors, ein paar rotzige Mails an das Head-Office in New York. Und nach ein paar Monaten ist unser junger Mann wieder Herr seiner selbst. Und weil Werber so gut wie nie was lernen, gibt es dieses Spielchen alle ein bis zwei Jahre mit neuen Mitspielern neu.

14 Das Grauen

Aus einem unerklärlichen Grund gibt es in Marketing und Werbung auch alte Frauen. Unerklärlich einerseits, weil diese Branchen eindeutig in männlicher Hand sind und sich die Chefs normalerweise mit Frischfleisch versorgen. Unerklärlich aber auch deshalb, weil alte Frauen in Marketing und Werbung immer auch frustrierte Frauen sind. Warum tun sich Entscheider sowas an? Alleinerziehende Mütter mit 53, Singles, Zicken, die ständig unter irgendeiner Laune leiden, sich für kompetent in Sachen Stil, Menschenbeurteilung, Chefkritisieren oder Männerhassen halten.

Bei den alten Frauen in Werbeagenturen liegen die Gründe dafür auf der Hand. Sie waren früher richtige Feger, hingen am liebsten auf Parties in Ibiza rum, hatten jede Menge Spaß, Sex und keine Angst vor gar nichts. Dann wird man älter, die Figur macht auch nicht mehr alles mit, ein Ernährer ist weit und breit nicht in Sicht – und jetzt kommt die Panik.

Schnell in einem Job unterkriechen, wo keiner so genau hinschaut, was man eigentlich kann, oder eben nicht kann. Damals, als diese – heute alten – Frauen gerade noch jung waren, ging das nämlich noch. Und so wurden sie dann in irgendeiner Abteilung der Agentur geparkt, hatten ein Verhältnis mit mindestens einem Chef, bekamen zum Dank seine Launen und alle möglichen Ungerechtigkeiten ab – und als Krönung den Auftrag, zu seinem Hochzeitstag, ein „hübsches" Geschenk für seine Frau („Du kennst die Moni doch besser als ich selbst") zu finden.

So entstehen im Laufe vieler verflossener Jahre Bitterkeit, Alkoholismus, Nikotinfinger und Hass auf die jungen Hühner mit den straffen Hintern. Aber auf allen Betriebsausflügen und Weihnachtsfeiern sind die alten Frauen aus den Werbeagenturen trotzdem die lustigsten, die besoffensten und die liebenswertesten.

Ganz anders die alten Frauen im Marketing: dort hat man es ja schon nicht leicht, wenn man jung und vielleicht sogar noch hübsch ist. Deshalb werden Frauen im Marketing normalerweise nicht alt, sondern heiraten, bekommen Kinder und beschäftigen sich dann mit kreativem

Töpfern, Gartengestaltung oder alternativen Ernährungskonzepten für Koy-Karpfen. Aber einige bleiben im Job, oder kommen nach einer unerklärlicherweise recht schnell gescheiterten Beziehung zurück.

Und spätestens in diesem Stadium fangen sie an, die Männer, vor denen sie bisher klugerweise gekuscht haben, aus dem Weg zu räumen. Weil sie Männer jetzt natürlich hassen, und weil sie inzwischen schlau genug sind, zu erkennen, daß der typische männliche Marketingfuzzi feige, hinterfotzig, konfliktscheu, verlogen, visionslos und dumm ist. Das ist die alte Frau alles nicht.

Sie ist grob bösartig, grausam streitlustig, extrem verlogen – und sie hat eine Vision, die sie sehr clever verfolgt. Diese eingebildeten Chauvinisten werden sie schon noch kennenlernen. Dann aber ist es zu spät – und wem bisher nicht das Bild einer Spinne, die ihre Beute ganz geduldig ins Netz gehen lässt, in den Sinn kam, dem sei es hiermit in denselben hineinsuggeriert. Irgendwann haben es die alten Frauen dann geschafft. Sie werden MarketingdirektorIn, WerbeleiterIn, MarktforschungsbeauftragtIn – aber nie VorständIn. So bescheuert sind die Jungs dann doch wieder nicht.

Immerhin hat die frustrierte alte Frau jetzt tatsächlich was zu sagen. Sie trägt konsequent Hosenanzüge in freudlosen Tönen wie hundekackbraun, rentnerblousonbeige oder dunkeltristgrau. Bei der Schminke dominiert blasser Lidschatten, die Nägel sind kurz, das Haar immer halblang, ohne Attitüde. Das ist natürlich Konzept: die wenigen Kerle, die ihr jetzt noch was zu sagen haben, sollen glauben, sie wäre konsequent, fleißig, nur konzentriert auf die Sache – also natürlich keine Weibchenspielchen und nichts, was als menschlich/fraulich ausgelegt werden könnte. Dabei hat sie tatsächlich nur eine Motivation: Rache!

Und weil sie sich nichts mehr für sich selbst erwartet, weil sie Karriere nur als Mittel zu ihrem eigentlichen Zweck sieht, weil sie – im Gegensatz zu ihren idiotischen männlichen Kollegen – für Lob und Schleimereien nicht zugänglich ist, deshalb ist die alte Frau im Marketing eine der tödlichsten Waffen, die die moderne Arbeitswelt bereithält. Eine Schwarze Mamba im Businessdress!

Aber dann passiert ein größter anzunehmender emotionaler Unfall. Die böse alte Frau verknallt sich in einen jungen, fröhlichen gutaussehenden Mann – sagen wir mal den gestalterischen Kreativchef einer dynamischen Hamburger Werbeagentur. Und plötzlich beginnt das tote, versteinerte Herz, sich zaghaft zu regen. Die ledrigen Gesichtszüge blühen auf. Ein buntes Sommerkleid wird gekauft. Ist das etwa Kayal am Auge? Zieht da Parfüm durch die Luft?

Der junge Mann hat schnell durchschaut, daß die alte Hexe akut bereit ist, sich zur Idiotin zu machen. Das wird natürlich in Beziehungsintensität umgemünzt – geschäftliche, versteht sich. Offiziell wandert ein Werbeauftrag nach Hamburg – und noch einer, und noch einer. Inoffiziell sprechen wir hier über eine ziemlich pervertierte Form des Liebesbeweises. Aber Vorsicht, junger, fröhlicher gutaussehender Mann – sagen wir mal gestalterischer Kreativchef einer dynamischen Hamburger Werbeagentur, Du weißt, daß Du mit Deiner Vernichtung spielst.

Wenn die Alte merkt, daß Du Sie in Wirklichkeit genauso zum Kotzen findest wie jeder andere normale Kerl, wird Sie Dich und Deine Renditepläne zerquetschen wie ein Insekt. Und falls Du, lieber Leser, der Du zufällig ein Insider bist und in dem hier geschilderten Prototypen der alten Frau im Marketing Ähnlichkeiten mit einer lebenden Person entdeckst, dann hast Du Dich getäuscht. Das Vorbild in diesem speziellen Fall ist keine lebende Person, sondern eine Untote.

15 Die Sprache

Da die Leute im Marketing, in der Werbung, im Vertrieb oder in der dazugehörenden Peripherie sich eher mit Bauernschläue als auf der Basis von klassischer oder sonst einer höheren Bildung durch ihre Jobs mogeln, fällt ihnen überhaupt nicht auf, was für eine redundante Idiotensprache sie untereinander und mit der Aussenwelt sprechen.

„No problem", denn drinnen sind sowieso alle gleichgeschaltet und draußen gibt es den Privatfernsehen-, den Bildzeitungs-, den Jungtürken- oder den Aktienverkäufer-Sprech. So kommuniziert die ganze Gesellschaft in – im Bezug auf die Gesamtsprache – dramatisch reduzierten Teilidiomen. Weil es aber ohnehin nur noch die Inhalte „Kohle", „Aussehen" und „Karriere" gibt, kommt der zeitgenössische „Talk" mit rund 250 Wörtern aus, deren Verwendung man branchenübergreifend beherrscht.

Selbstdemütigenderweise versuchen sich allerdings auch

erwachsene Menschen mit abgeschlossener Schullaufbahn darin und übernehmen aus reiner Anpassungsbeflissenheit dumme und lächerliche Sprachverirrungen. Wenn man zum Beispiel akzeptiert, daß „das macht Sinn", was auf einer amoklaufenden Übersetzung aus dem Englischen beruht, Sinn hat, wird es dadurch trotzdem nicht sinnvoller.

Wenn etwas nicht geht, bezeichnet der Juniorproduktmanager das normalerweise als „ein Stück weit nicht darstellbar" und meint damit nicht seine mangelnden zeichnerischen Fähigkeiten (Juniorproduktmanager halten ihre Fähigkeiten im Gegenteil für unbegrenzt), sondern die Tatsache, daß sein Chef seine rückläufigen Verkaufszahlen nicht akzeptieren wird, und er deshalb seine Werbeagentur wegen „suboptimaler performance" in eine nutzlose Wettbewerbspräsentation hetzen wird.

Daß hinter abstürzenden „sales" einfach nur die Tatsache steckt, daß die Leute kein Geld mehr dafür haben, jeden Scheiß zu kaufen, den uninspirierte Entwicklungs- und Vertriebsvorstände auf den Markt werfen, um davon abzulenken, daß sie eigentlich überflüssig sind, will natürlich niemand wissen. Schließlich sind ausweglose Situationen „Chancen" und keine Probleme.

Grausam ist auch die Bereitschaft unserer jungen Ameisenelite, die Realität durch verlogene Phrasen umzudefinieren. Wenn einen ein Chef oder Auftraggeber grundlos und völlig ungerechtfertigt zur Sau gemacht hat, plant man nicht Rache und Vernichtung, sondern preist die „offenen Worte" und freut sich darauf, jetzt vor allem „nach vorne zu schauen".

Das inkompetente, Zeit stehlende und Ressourcen vernichtende Gefasel, das einem sogenannte Marketingleute als Auftragsbeschreibung zumuten, wird als „Herausforderung" verharmlost. Der schlechte Stil, die ungehobelten Heimkindmanieren und der unerträgliche Größenwahn von Geschäftspartnern heißt neuerdings nicht mehr Arschlöchigkeit, sondern „personality".

Und wenn einer soviel Schiss hat, daß er sich noch nicht mal traut, selbst zu entscheiden, wann er aufs Klo gehen darf, dann ist er eben „marktforschungsaffin". Solche Leute sagen niemals: „das finde ich toll", oder „so machen wir es". Stattdessen heißt es: „jetzt haben wir mehrere Optionen", oder „lassen sie uns das Zahlenmaterial noch genauer sichten". Und dabei halten diese armen Wichte sich wirklich für Manager, glauben, Dinge zu bewegen, und erzählen ihrer Freundin ihren trostlosen Tagesablauf unter ständiger Verwendung der Großentscheiderphrase „und dann habe ich beschlossen".

Kann degenerierte Sprache vielleicht gar zu degeneriertem Bewusstsein führen? Bei Politikern scheint es funktioniert zu haben und man fragt sich, ob sie ihre Familien genauso worthülsendrescherisch verarschen wie „die Menschen draußen im Lande". Oder denken wir mal an die Kotzigkeit von Werbern, die sich schon beim ersten Kennenlerngespräch so an ihre Kunden ranschmeissen, daß sie in der Diskussion nicht mehr sagen: „Ihr Kloreiniger ist also Marktführer", sondern „Wir sind also Marktführer".

Das nennt man Identifikation: der Werber hat sich in einen Kloreiniger verwandelt und morgen klappt das dann genauso gut mit Hundefutter! Überhaupt das „wir". Es wird immer dann verwendet, wenn alles gut gegangen ist. „Wir hatten die Idee ...", hört man aus dem Munde des Marketingmannes, wenn irgendein schwachsinner Test die Arbeit der Werbeagentur ausnahmsweise mal positiv bewertet. Dann, ein paar Monate später, hat das Konzept im Markt versagt – und plötzlich heißt es: „Die Agentur hatte damals ja vorgeschlagen ...".

Klar daß jetzt keiner mehr darüber spricht, wie in unzähligen weiteren Tests alles, was ursprünglich klug, witzig oder gar intelligent war, gnadenlos verhunzt und vergewaltigt wurde, weil ein paar grenzdebile Testpersonen (Zitat Junior Produktmanagerin: „tja, das ist halt unsere Zielgruppe"), die bei solchen Gelegenheiten immer befragt werden, mal so richtig konstruktiv kritisch sein wollten.

Am Ende wird so jede Art von Werbung auf ein unterirdisches, realitätsuntaugliches Niveau runtergezerrt – weil, der normale Mensch tickt eben ganz anders als ein arbeitsloser Prolet oder eine frustrierte Hausfrau, die sich für 40 Euro die Stunde in ein Marktforschungs-Studio hocken.

Und zum Schluß noch ein kleines Rätsel. Im folgenden Satz (es handelt sich um ein Zitat!!!) haben sich drei kleine Fehlerlein versteckt. Wenn Sie sie nicht entdecken, müssen Sie nicht traurig sein. Der, von dem er stammt ist immerhin ein leitender Mitarbeiter eines marktbeherrschenden deutschen Unternehmens geworden: „Mehr wie das, was ich von einen Kunden weiß, braucht auch sonst keiner wissen." Sehen Sie, wir leben in einer Zeit, in der wo alles geht!

16 Die Angst

Wer sich ein bißchen im Wirtschaftsgeschehen in Deutschland umschaut, entdeckt schnell, welche dramatische Motivationskraft – neben der puren Gier – vor allem die Angst entwickelt hat. Am Beispiel der Hackordnung einer beliebigen Marketingorganisation lässt sich das deutlich zeigen.

Die ganz frischen Junior-Produktmanager-Assistenten-Hiwis haben zunächst mal vor jedem Angst, der in der Hierarchie über ihnen steht. An der Uni haben sie zwar viele tolle Tools anzuwenden gelernt, mit denen man Businesspläne entwirft, Verkaufsabläufe plant oder den Handel erpresst. Dazu wissen sie ganz instinktiv, wie man jede außergewöhnliche Idee der bescheuerten Werbeagentur kaputtredet und -testet. Aber wie man dem Boss (und das ist in diesem Fall fast jeder) mal erklärt, daß man etwas ganz anders sieht, das wurde im BWL-Studium nicht vermittelt.

Der Junior lernt aber blitzschnell: etwas ganz anders sehen ist grundsätzlich nicht gefragt – und so quält er lieber die Werbeagentur, macht autistische Zahlenspiele, die er als Plan ausgibt und in tolle Power-Point Präsentationen verpackt – und wird bald befördert. Sagen wir mal zum Produktmanager.

Jetzt hat er tatsächlich schon ein bißchen/minimal Verantwortung, darf das Geld der Firma – zumindest auf dem Papier – ausgeben, und jetzt wird auch die Angst größer. Kriegt er den Geschäftswagen? Darf er in das Büro mit den zwei Fenstern umziehen? Merkt irgendjemand, daß er nicht anständig Englisch kann? Hat er genug Assistenten? Weiß sein Chef, daß er am Freitag bis 20 Uhr im Büro war? Seine schlimmste Angst ist aber die Existenzangst. Inzwischen hat er sich so an 14 Gehälter plus Bonus plus Erfolgsprämie gewöhnt (vielleicht hätte man doch ein kleineres Reihenhaus kaufen sollen, zumal kaufen heutzutage ja auch noch finanzieren heißt), daß er in ständiger Panik lebt, er könnte seinen Job verlieren.

Und wie soll er dann – mit 26 (!) – noch mal Fuß fassen in dem mörderischen Karrierekarusell des Marketings? Alles aus! Das gute Geld, das Haus, der gesellschaftliche Status, die Frau, die Freunde, die Libido – weg, alles weg!

Und stellen wir uns doch mal vor, was passiert, wenn solche Leute immer noch weiterbefördert werden. Direktor, Geschäftsführer. Angst, Angst – selbst der Vorstand hat immer noch Angst. Weil, 10 Millionen Euro Abfindung sind immerhin ein Trost, aber ein Mann ohne Macht, ohne einen ganzen Hofstaat von Speichelleckern, die ständig mit dem Kopf nicken und „toll" oder eine andere Verlogenheit von sich geben, wenn der Meister seine Ideen vorträgt, ist das überhaupt noch ein Mann?

Vorgezogener Ruhestand, das heißt keine unaufschiebbaren Meetings am 1. Weihnachtsfeiertag mehr, nie wieder zwei Stunden vor Abflug den Urlaub absagen. Und wie soll man da noch Spaß am Leben haben, wenn man nicht mal eben mit einem Telefonat ein paar Karrieren zerstören oder voller Hingabe ein paar Millionen Mark mit langweiligen Werbespots verbrennen kann. Die Angst ist wie ein Virus, sie kriecht ins Gemüt, legt die Vernunft und die Potenz lahm, vernichtet jeden Anstand – und sie springt auch auf den Werber über.

Denn der Werber als dubioser Dienstleister, der ohnehin ständig das Gefühl hat, nicht wirklich gebraucht zu werden, kriegt, wenn es hoch kommt, Jahresverträge mit seinen Kunden. Wenn der vor Angst schlotternde Produktmanager also seine Managementfähigkeiten beweisen will, indem er mal einen harten Schnitt macht, dann lässt er diesen Vertrag halt auslaufen. Die Agentur kann man locker monatelang hinhalten, bis die überhaupt kapiert, daß sie gerade abgeschafft wird.

Und dann war es halt der Chef und man muß keine unangenehmen Erklärungen abgeben. Und wenn der Chef vielleicht eine andere Agentur besonders gern mag, weil der Chef dieser Agentur auch gern Golf spielt und neulich einen ganzen Satz Schläger rübergelassen hat, dann kann das doch der Marketingleiter klären. Der ist ehrgeizig und wenn er bald befördert wird, opfert er sogar den Lieblingshamster seiner Tochter.

Der Werber ist aber auch selbst schuld. Weil er gierig ist und für einen Etat, den er der Konkurrenz abjagen kann, zu jeder Schweinerei bereit ist. Da werden Kunden angegraben und angeschleimt, da werden ohne Honorar Ideen präsentiert, da wird gegen jede Form des Anstandes verstoßen. Und wer sich scheiße verhält, wird am Ende eben auch scheiße behandelt. Dabei ist nicht jeder Werber als charakterloser Schwachkopf geboren. Nur, die Angst hat den Stolz besiegt. Weniger Etats ist weniger Honorar ist weniger Profit ist weniger Schmerzensgeld ist weniger

Selbstbestechung ist weniger Selbstbetrug – halt, ist das denn schlimm?

Früher hat man jungen Kreativen den Unterschied zwischen ihnen und den Kunden so erklärt: „wenn die soviel draufhätten wie Ihr, dann wären die ja bei uns". Heute muß man sich vielleicht einfach fragen, ob die Werber inzwischen nicht noch feiger sind als ihre Kunden.

17 Das Schleimen

Schleimen ist das Gleitmittel der Werbung. Natürlich spielen auch Angst, Geld, Dummheit und Psychosen eine wichtige Rolle. Aber der Zugang zum Herz aller Leute, die etwas mit Werbung zu tun haben, ist der Arsch. Nämlich jeweils der, in den man reinzukriechen hat, wenn man bei seinem Besitzer etwas erreichen will.

Wer – zum Beispiel als kreativer Mensch aus einer Werbeagentur – je auf einen Marketingchef reingefallen ist, der von sich behauptet: „ Ich will keine Jasager", oder „ich bin immer offen für konstruktive Kritik", kennt das böse Erwachen, wenn man diesem toleranten, grundehrlichen und supermenschlichen Kumpeltypen mal wirklich die Wahrheit über seine konsequente Weigerung sagt, jegliche etwas ungewöhnlichere Idee auch nur in Erwägung zu ziehen. Ganz falsch!

So wie man jeder Frau die plattesten Lügen andrehen

kann, solange man sie als Komplimente tarnt, so kann man jedem Boss einreden, er sei mutig, clever, witzig, man würde „schon ein bisschen Angst" vor ihm haben, und – wenn man eine Nutte oder eine Praktikantin ist – er hätte den größten Schwanz, den man je gesehen hätte. Genau deshalb ist er doch Chef geworden.

Andere haben eine lieblose Mutter, einen dominanten Vater, einen pädophilen Onkel, ein zu früh verstorbenes Meerschwein oder sonst eine Entschuldigung, warum sie machthungrige, geltungssüchtige und jeder Speicheleleckerei zugängliche Kotzbrocken geworden sind. Niemand will die Wahrheit hören. Schon gar nicht über sich selbst.

Die Wahrheit ist, daß man in der siebten Klasse von Susi Bergmeier einen Korb bekommen hat, als man sie nach sechzehn Dates endlich küssen wollte, aber wieder kein Geld für den Mega-Maxi-Eisbecher hatte, den sie unbedingt mal bestellen wollte, daß man sich bis heute vor Hunden jeder Größe fürchtet, daß man unter Schuppen oder Agoraphobie leidet, daß man nicht weiß, wie man ohne ein repräsentatives Geschäftsauto weiterleben soll, daß man zig Mal versucht hat, eine Seite Schopenhauer zu lesen und nie irgendwas begriffen hat, oder daß man dieses Jahr wieder nicht Senator bei der Lufthansa wird.

Deshalb gibt es Untergebene, Dienstleister oder asiatische Taxifahrer. Die werden einem immer die Wahrheiten sagen, die man hören will. Dafür sind sie nämlich da. Kompliziert wird es allerdings, wenn so ein designierter Schleimer jetzt auch noch Ambitionen hat. Sagen wir mal, ein im eigenen Unternehmen in der Hackordnung unter einem stehender, halbwegs intelligenter Zyniker mit Reststolz. Der sagt dann nicht direkt: „Hey Boss, Du bist der größte", sondern in solchen Fällen wird es psychologisch. Der Zyniker will, daß der Boss weiß, daß er (der Zyniker) weiß, daß das ganze eine Schleimerei ist und formuliert seine Arschkriecherei ein bisschen frech oder ironisch – also nur teilschleimig. Aber sowas ist dem Boss dann verdächtig und er denkt: „Der Schleimscheißer, der meint wohl, ich fall da drauf rein." Dummer Zyniker! Wäre er doch zum Beispiel bei solchen Texten geblieben wie: „Ich habe viel von Ihnen gelernt" – oder: „eines Tages will ich das auch mal so locker hinkriegen wie Sie"! Solche seriösen und nüchternen Aussagen würde kein Boss je für Schleimen halten.

Ein besonders grausames Feld der Schleimerei sind Entscheidungsprozesse die mit Geld verdienen zu tun haben. Man kann natürlich – zum Beispiel als Dienstleister – immer versuchen, mit Bestechung zu arbeiten. Dürfte aber schief gehen, wenn man es zu offensichtlich macht, oder der Entscheider keinen Bock auf zu große Risiken hat.

Es soll sogar Leute geben, die bei so was grundsätzlich nicht mitmachen. Da hilft dann nur noch Arschkriechen bis zur Brechgrenze: zum Beispiel Frauen in mittelwichtigen Positionen, die so tun, als fänden sie den Entscheider der Auftraggeberfirma klasse (und er glaubt es – schließlich bemüht ja auch er sich seit 42 Jahren, sich klasse zu finden), und schwupp hat sie, oder ihre Firma den Job. Daß man den drei bis fünf Frauen, die in der Wirtschaft was zu entscheiden haben, das Gefühl geben muß, daß man sich nach ihnen verzehrt, versteht sich ja wohl von selbst!

Oder Spezialisten wie Illustratoren, Regisseure, Studiomusiker oder Toningenieure, die sich das ahnungslose Geschwätz eines potentiellen Auftraggebers zu ihrem jeweiligen Fachgebiet anhören und tatsächlich so tun, als nähmen sie den Unsinn ernst, oder fänden ihn sogar gut. Schlaue Leute! Natürlich kriegt nicht der den Auftrag, der das beste Angebot hat, sondern der, der am tiefsten in den Darm des Schwätzers eindringt.

Wichtig sind auch alle Maßnahmen, die dem potentiellen Kunden dabei helfen, sich überlegen zu fühlen: man lässt ihn beim Golf oder Tennis gewinnen, natürlich fährt er besser Ski oder Rad, die kleine Schlampe an der Hotelbar hat es logischerweise auf ihn abgesehen – und über Politik, Kunst, Musik, Fußball, Theater, Urlaub, Essen, Weine und Autos weiß er sowieso besser Bescheid als sonst jemand auf der Welt.

Zum Schluß noch ein Beispiel. Vor vielen Jahren gab es mal einen Werbespot, der ging ungefähr so: ein Mann ruft seine Frau zuhause an und verkündet, daß er abends den Chef zum Essen mitbringen würde. Und daß der Chef gern Steaks äße. Jetzt kriegt die Frau erstmal Haare, die wirr hochstehen und gefroren sind. Weil, Gefrierbrand-Panik! Was, wenn die Steaks in den falschen Gefrierbeuteln liegen und irgendwie nicht mehr so toll sind?

Es geht dann aber alles gut, und der Chef kriegt seine Steaks, und er sitzt selbstverständlich neben der Frau von seinem Knecht, und er hat einen Blick, der sagt: „Wann verziehst Du Dich endlich Du kleiner Scheißer, damit ich Deine Alte flachlegen kann". Und dieser hat einen Blick der sagt: „Hey Chef, nimm Dir was Du willst, die Alte gibt es zu den Steaks noch obendrauf". Aber der Blick der Frau, der sagt gar nichts. Schließlich ist sie keine Nutte oder Praktikantin.

18 Das Wechseln

In der Werbung wird häufig gewechselt. Der Job, der Partner, die Weltanschauung. Bei der Weltanschauung ist das am leichtsten zu verstehen. Man würde ja wahnsinnig, wenn man in dieser Branche auf irgendetwas bestehen würde, was man in der Schule unter den Überschriften „Anstand", „Ehrlichkeit", „Würde" – oder gar „Hilfsbereitschaft" und „Nächstenliebe" gelernt hat. Da muß man halt flexibel sein, mal ein ganz klein bisschen die Wahrheit tunen, hin und wieder ein wenig arschkriechen, den Konkurrenten um die Beförderung in die Falle laufen lassen – und „lieb" ist der Werber immerhin zu Kindern und Katzen.

Man sieht: alles nichts besonderes, die Arbeitswelt in der Werbung ist auch nicht anders als die im richtigen Leben. Jede neue Situation führt automatisch zu einem neuen Weltbild.

Beim Partnerwechsel macht es die Gelegenheit. Zunächst

verliert der Werber zwangsläufig jeden Partner, der nicht in der Werbung arbeitet. Das hat was damit zu tun, daß es niemand auf die Dauer durchhält, wenn immer alle Abendverabredungen platzen, wenn jedes zweite Wochenende draufgeht, wenn Urlaube im letzten Moment immer abgesagt werden müssen.

Weil, die Überstunden und Nachtschichten, die müssen natürlich sein, das hat nichts mit schlechter Eigenorganisation zu tun, oder gar mit dem ausgeprägten Bedürfnis, wichtig und unersetzlich zu sein.

Außerdem möchte so ein Normalo halt nicht mit jemandem zusammenleben, der am liebsten und ohne Pause mit seinen Werberkollegen autistisch immer nur über Werbung redet, und wie gut man doch eigentlich ist, und bei welcher tollen Agentur man eigentlich Karriere machen müsste, und daß man einen Chef hat, der ein ignorantes Arschloch ist.

So gehen Beziehungen zu Nichtwerbern meist schnell in die Brüche und der Werber ändert sein Beuteraster in Richtung Werberin. Das Ergebnis sind Beziehungen, in denen es gesprächstechnisch endgültig nur noch um neidvoll analysierte Kampagnen anderer Werber, herbeiphantasierten Erfolg, wahnhafte Gehaltserhöhungsspekulationen, hirnrissige Statussymbole und solche existentiellen Belange wie Aussehen, Mode, Style und Urlaubsziele geht.

Normalerweise entstehen derartige Beziehungen während durchgearbeiteter Nächte, im Rahmen einer Siegesfeier nach gewonnenen Präsentationen – oder auf Weihnachtsfeiern (da ist der Werber jetzt wieder ein ganz normaler Spießer). Und genauso schnell vergehen sie wieder: Eine andere Kollegin aus einer anderen durchgeschrubbten Nacht, ein noch erfolgreicherer Vorgesetzter mit einem noch schickeren Cabrio – und aus isses mit der Werbertreue. Im Job gibt es die übrigens auch nicht.

Das gilt in beide Richtungen: 25 Jahre brav als Grafiker für die Agentur geackert, bedeutet gar nichts, wenn man 46 ist und wenn der 23 jährige, neue Kreativdirektor „das kreative Produkt der Agentur voranbringen" will/muß. Es wird betriebsbedingt gekündigt – und wieder telefoniert ein Mensch verzweifelt hinter Leuten her, die er früher mal ausgebildet hat, und die ihm jetzt – wo sie Karriere gemacht haben und selber Kreativdirektor sind – einen Job geben sollen. Tun sie natürlich nicht, und bald haben wir noch eine Ich-AG für Kommunikationsberatung und -design.

Die Angestellten sind aber auch nicht besser. Kaum hat

der blutige Anfänger (der in seiner Bewerbung für den ersten Job noch richtig schleimig um eine Chance gebettelt hatte) unter massiver Mithilfe seines Vordenkers seine erste halbwegs brauchbare Anzeige getextet, glaubt er schon, das war jetzt seine eigene Leistung. Er fängt an, sich für einen echt geilen Werber zu halten, will sofort drastisch mehr Kohle und kurz darauf ist er bei einer „viel besseren" Agentur.

Dort wird ihm dann erst mal klar gemacht, daß er mit dem Scheiß, den er bei seiner alten Schrottagentur gemacht hat, in dem neuen Laden überhaupt nicht glänzen kann, und solange er sich wieder richtig klein und mickrig fühlt, läuft das soweit ganz gut. Doch dann ist sein Chef mal im Urlaub und unser Talent kriegt eine eigene Idee durch. Der Kunde kauft es, es wird gedruckt oder geht auf den Sender. Der ADC (so eine Art Beauty-Contest für Werber) gibt dafür eine Auszeichnung.

Und jetzt ist natürlich alles außer Rand und Band. Mehr Geld, ein Titel, eigene Untergebene – „oder ich muß mich anderweitig orientieren". Irgendeine andere Agentur sucht gerade einen Texter – und weil man heute anders keinen halbwegs brauchbaren Texter mehr kriegt, wird der Job als „Kreativdirektor Text" angeboten. Unser aufstrebendes Talent wird genommen, der Personalvermittler kassiert ein paar tausend Euro Provision, der alten Agentur vermittelt er auch gleich einen Nachfolger und wieder ist ein Mensch mit zweieinhalb Jahren Berufserfahrung ganz oben angekommen.

Glaubt er. Bis er merkt, daß er jetzt vor allem Texte für Prospekte schreibt. Die Agentur hat auch keinen Etat, wo Fernsehen gemacht wird. Blöd, aber immerhin ist man doch Kreativdirektor, kurz CD (wegen englisch: Creative Director). Allerdings mit dem Zusatz „Text" – und der Kollege ist gerade CD ohne Zusätze geworden, d.h. er darf jetzt den Textern u n d den Grafikern sagen, daß er ihre Vorschläge beschissen findet und sie am Wochenende in der Agentur zu sein haben. Das nagt natürlich, und ab sofort beginnt die Suche nach einer freien CD-Position.

Der Personalvermittler sucht, eine andere Agentur gewinnt einen neuen Etat, für den braucht sie einen CD (schlauerweise lässt sie die Zusätze von vornherein weg) – und schon ist der 23-jährige Textemporkömmling vom 6. Absatz dabei, 46-jährige Grafiker mit richtig Erfahrung rauszuschmeissen. So nämlich geht Wechseln: wer viel wechselt, wird was; wer bleibt, wird arbeitslos.

19 Das Gender-Problem

Ich habe fast 30 Jahre Werbung gemacht. Es war natürlich schon immer eine dumme Branche mit einem auffällig häufigen Vorkommen von profilneurotischen Wichtigtuern und Selbstinszenierern. Es gab auch schon immer diese Tendenz, wenig Wissen hinter viel Geschwätz zu verstecken. Eben das sterotype Verhalten typischer Männer mit Versagensängsten, vorzeitiger Ejakulation und dem Hang zum hemmunslosen Lügen und Angeben. Hach, war das schön einfach und berechenbar!

Aber in meinen letzten 5 Jahren war die Hölle offen. Die Generation der Emanzentöchter hatte die Uni hinter sich und machte sich seuchenartig in der Arbeitswelt breit. Diese Frauen hatten von ihren Müttern den ganzen „selbst ist die Frau Schwachsinn" eingetrichtert bekommen, und so konnten sie schon zur Schulzeit jeden beliebigen Videorecorder programmieren. Studium: natürlich BWL oder Jura, sie waren die größten Streber in ihrem Jahrgang, erste beruflichen Schritte: zielstrebig bei Procter & Gamble – und jetzt sitzen sie in den Marketingabteilungen großer, langweiliger Konzerne und wollen nur eines: unbedingt alles richtig machen!

Weil, wenn sie Männer wären, hätten sie immerhin ein – wenn auch unbegründetes – ausgeprägtes Vertrauen in ihre Fähigkeiten: Eine quasi genetisch bedingte, in Ermangelung von Sachkenntnissen, teilweise geradezu spontane Entscheidungsfreude, gerne als „Bauchgefühl" verklärt. Also, die Fähigkeit sich zu trauen, kompletten Schwachsinn zu machen und es nicht einmal zu merken.

Aber es sind Frauen. Die erste Business-Generation, die wirklich glaubt, sie wäre in allen Dingen so wie Männer. Ist sie aber nicht. Und ein Bauchgefühl hat sie auch nicht. Und trauen tut sie sich schon dreimal nichts. Stattdessen hat sie die Welt in milimeterpapierene Kästchen aufgeteilt, bewertet einfach alles, was ihr im Leben begegnet mit einer faden, pragmatischen und entsprechend primitiven Buchalterlogik, und ist wahnsinnig froh, daß man ihr in jener großen Seifensiederfirma im hessischen Schwalbach das universelle Erklärungsmodell der Welt eingetrichtert hat: Problem – Lösung.

Das ist die Wunderformel nach der der Kosmos sich zu richten hat. Ein Kalkfleck an der Kachelwand oder der kantsche Gottesbeweis, letzlich gibt es immer d i e Lösung. Und wenn eines dieser Klugscheisserchen jetzt – sagen wir mal bei einer Versicherung – im Marketing mitquaseln darf, dann heißt es natürlich auch: Problem – Lösung. Macht ja nichts, daß man einerseits zwar ganz einfach zeigen kann, wie ein Kloreiniger in einer urinalen Problemzone wirkt, während man andererseits bei einer Hausratversicherung zeigen müsste, wie ein Wasserrohrbruch alles kaputt macht (Problem), und wie man dann das Geld dafür bekommt (Lösung).

Aber das findet jetzt sogar die junge Produktmanagerin ein bisschen dröge. Und wozu leistet man sich denn eigentlich eine teure Werbeagentur? Und jetzt ist das aber mal wirklich eine Herausforderung! Und während die Werbefuzzis sich bemühen, möglichst dämliche Problem/Lösung-Lösungen zu erfinden, und Miss Marketing durch ihre Kommentare dafür sorgt, daß selbst der dümmste Vorschlag der Werber noch ein gutes Stück unterirdischer wird, merkt keiner dieser Superprofis, daß es bei Versicherungen gar nicht um Logik geht (schon gar nicht um die Fleck-weg-Logik aus Schwalbach) – sondern um Ängste und Vertrauen und um das sogenannte gute Gefühl.

Schließlich sind alle Hausrat-Versicherungen aller Versicherungskonzerne aller Länder alle gleich gut oder schlecht. Das weiß natürlich auch der Hausbesitzer, für den der ganze Unsinn ja eigentlich fabriziert wird. Und deshalb muß man ihn am Bauch kraulen oder an den Eiern – aber doch nicht an der Logik! Und hier haben wir nun das Problem der moderne Marketingtussi – sie hat keine Ahnung davon, was Männer wollen. Mutti hat ihr das nie erklärt, hätte das Kind ja womöglich zur Sklavin der verhassten männlichen Chauvis gemacht. Und im Leistungskurs „Quantitative Marktforschung für Betriebswirte" kamen Männer nur als statische Größe vor.

Klar haben die neuen Frauen einen Freund. Der ist dann metrosexuell und rasiert sich unter den Achseln und am Sack. Und sie haben auch Sex: Freitag abends und samstags zwischen 15 und 16 Uhr. Gehört ja schließlich dazu, das ganze empfinden sie aber als überschätzt, und der Job geht schließlich vor – also nie am Sonntagabend, und schon gar nicht in Verbindung mit Alkohol. Wozu macht man sonst Yoga und Workout, man weiß ja wie viel Kalorien da drin sind, und überhaupt: wie sich manche Leute gehen lassen ... . Womit wir dann wieder bei den Männern wären – und bei meiner Schlussthese bzw. -frage: die Frauen von denen hier die Rede ist, sind nämlich ausnahmslos nicht besonders hübsch oder attraktiv. Kommt dieser ganze Wahn, alles mindestens so gut wie ihre männlichen Kollegen können zu wollen, also vielleicht aus einem Gefühl des Zurückgestoßenseins? Quasi eine Rückprojektion frühkindlichen Penisneids? In der sublimierten Form eines Wettbewerbs um den Titel des kopfgesteuertsten Scheinlebewesens im modernen Büroalltag? Wollen diese Frauen wirklich die dümmeren Männer sein? Jetzt tun sie einem fast schon wieder leid.

ÜBER DEN VERFASSER

Mario Baier, geb. 1959, studierte Kommunikations- und Altertumswissenschaft.

Knapp 20 Jahre Tätigkeit in deutschen und amerikanischen Werbeagenturen.

Danach 10 Jahre Mitinhaber einer eigenen Agentur.

Heute Segler, Altphilologe, Buchautor.

www.ingramcontent.com/pod-product-compliance
Lightning Source LLC
Chambersburg PA
CBHW051810170526
45167CB00005B/1959